Minha **Vida**
Meus **Amores**
Meus **Encantos**
Meus **Valores**

Minha **Vida**
Meus **Amores**
Meus **Encantos**
Meus **Valores**

José Adauir da Silva

Porto de Idéias Editora

São Paulo, 2017

Minha vida, meus amores, meus encantos, meus valores

Editor | Sebastião Haroldo de Freitas Corrêa Porto

Coordenação editorial | Silvana Pereira de Oliveira

Diagramação | Otávio Silva

Capa | Mayra Luna

Dados Internacionais de Catalogação na Publicação (CIP)
(Câmara Brasileira do Livro, SP, Brasil)

Silva, José Adauir da, 1947-
Minha vida, meus amores, meus encantos, meus valores / José Adauir da Silva. São Paulo : Porto de Idéias, 2017.

ISBN: 978-85-8061-131-1

1. Histórias de vida 2. Memórias autobiográficas 3. Silva, José Adauir da, 1947- I. Título.

17-03712 CDD-920.71

Índices para catálogo sistemático:
1. Homens : Memórias autobiográficas 920.71

Editora Porto de Idéias Ltda. | Rua Perdões, 101 | Aclimação | CEP 01529-030
São Paulo – SP – Brasil | Tel. (55) 11 3884-3814 | www.portodeideias.com.br

Minha história é viver.

Clarice Lispector

UMA DECISÃO TOMADA

Hoje é dia 12/07/13, uma sexta-feira. Tomei uma decisão que considero das mais importantes de minha vida. Vou escrever um livro. Quero também voltar a participar de um coral, tão logo tenha concluído este meu projeto, ou escrever outro livro e deixar o coral de lado. Dizem que tenho voz muito boa. Já tive. Hoje não sei. São desafios grandes para quem chega aos 70 anos.

Na minha juventude, lá pelos anos sessenta, era muito comum escrevermos dez coisas que gostaríamos de realizar na vida. Um de meus sonhos era escrever um livro, pois o ditado diz que para ser verdadeiramente homem precisamos plantar uma árvore, gerar um filho e escrever um livro. Sou um leitor voraz. Já fui um devorador de livros, tendo lido mais de sessenta livros em apenas um ano na década de 60 e diante de tanta sabedoria que li, de tamanhas capacidades criativas e literárias que encontrei, sempre me julguei incapaz de até mesmo tentar dar forma a um livro.

Como me sentiria diante de Guimarães Rosa com toda sua verdade e conhecimento em *Grande sertão: veredas*; de Machado de Assis e sua genialidade em *Dom Casmurro*; de Padre Vieira e seus belíssimos *Sermões*; de Santo Agostinho em sua profundidade e inteireza em *Confissões*; de José Saramago e sua criatividade em *O homem duplicado*; de Rubem Alves com todo o seu lirismo; de Érico Veríssimo e toda a sua imaginação em *Incidentes em Antares*; de Antoine de Saint-Exupéry e o sentido profundo das coisas que transmite em seu *O Pequeno Príncipe*; de Ivan Turgueniev com sua descrição belíssima do amor de uma mãe em *O primeiro amor*; com a capacidade imaginativa de Kafka em *O processo*; com Graciliano Ramos em *Vidas secas*, um livro no qual não falta nem sobra palavra alguma; com Herman Hesse e a beleza da busca espiritual em *Sidarta*; com Mário Palmério e a maestria com que descreva o ambiente de uma cidade em disputas políticas em *Vila dos Confins*; com Archibald J. Cronin, um de meus autores favoritos, e a beleza de seus livros: *Pelos caminhos da vida*, *O castelo do homem sem alma* e *Cidadela*. Não me esqueço de tantos outros dos quais gostei como Máximo Gorki, Lee Yaccoca, Jonh Neisbit, Mário Sosa, Henry Carriére, os escritores de *O caçador de pipas*, *O menino do pijama listrado*, *Um erro judiciário*, *A segunda dama*, livros de estudo ou entretenimento. Não poderia deixar de citar o encantamento que me provocaram os livros de Tristão de Ataíde e Gustavo Corção, que debatiam, respeitosamente, as visões religiosas católicas de cada um, objeto de minhas leituras naquela década. Preciso mencionar também Castro Alves e suas poesias, em especial "Navio negreiro", uma descrição tétrica do tratamento dado a irmãos, só porque eram de outra cor. Essa poesia me faz verter lágrimas. Como é possível exprimir o pensamento com tanta precisão, inteligência e simplicidade como o faz Mario Sergio Cortella, de modo que todos entendam coisas tão profundas?

Isto tudo deve assustar qualquer pessoa que se ponha diante de um caderno, de uma máquina de escrever, ou hoje, diante de um computador, para digitar um texto, uma crônica, uma história ou até mesmo um livro.

Sou um analfabeto digital. Nasci no período analógico. Dominei bem a máquina de escrever, mas só há menos de um ano me aventuro a utilizar esta máquina fantástica que permite mil alternativas, como deletar, reescrever, recortar, colar, sei lá mais o quê. Mas especialmente guardar na memória o que a minha não seria capaz e traria uma dificuldade muito maior para escrever um livro.

Que me perdoem Guimarães Rosa, Machado de Assis, Graciliano Ramos, Carlos Drummond de Andrade, Mário Palmério, Padre Vieira, Ivan Turgueniev, Franz Kafka, Santo Augustinho, José Saramago, H. Hesse, A. J. Cronin e tantos outros: venci meu medo. Jamais chegarei aos pés de vocês, mas também, como vocês, vou deixar meus pensamentos, sonhos e ilusões registrados para sempre. Quem sabe alguém ficará feliz ao lê-los e isso me fará feliz por partilhar meus pensamentos e minha vida. Meus filhos, meus netos e um dia meus bisnetos, que nem sabem da minha história de vida, poderão sabê-la e ver que o mundo era bem diferente, que hoje eles têm todas as oportunidades e que com muita luta e persistência por certo realizarão seus sonhos.

Talvez na minha idade, sessenta e seis anos, eu já esteja um pouco maluco. Acho que levarei uns três ou quatro anos para escrever o que penso e publicarei um livro até meus setenta, se a Divina Majestade me permitir. Vou buscar um dos meus sonhos de juventude, certo de que ainda é tempo para registrar minhas memórias, para meus filhos e para meus netos. Para estes, nascidos digitais, parecerão algo de outro mundo, parecerão algo não verdadeiro as peripécias de minha vida.

Aos setenta anos não estarei preocupado com o que vão pensar de mim e terei a certeza de estar infinitamente distante do saber, da beleza, da competência e das lições de vida dos autores que citei, e o que significaram para mim e para a humanidade.

Se sair alguma coisa que encante (pelo menos a uma pessoa), ficarei feliz. Os amigos e conhecidos reconhecerão minhas falhas, meus pecados, minhas fraquezas e saberão me perdoar (espero!). Os que não me conhecem saberão da minha insignificância. Para exemplificar minha insignificância, cito um trecho da magnífica obra de Mario Sergio Cortella: *Qual a tua obra?*

Não vou copiar o texto. Que o autor me perdoe o resumo que faço, de tão importante que acho o que escreveu, para pessoas como eu, que buscam ser mais humildes.

Diz-nos ele que às vezes alguém nos fala: "sabe com quem está falando?". E ele responde: "Se você tiver um tempinho, eu posso lhe explicar com quem você está falando. Há quinze bilhões de anos, uma explosão atômica gerou uma aceleração inacreditável de matéria e liberação de energia que se agregou, formando o que nós chamamos de estrelas. Elas se juntaram formando as galáxias. Há no universo, segundo os cientistas, aproximadamente duzentos bilhões de galáxias, uma das quais é a nossa, chamada Via Láctea, que nem é tão grande quanto outras, com aproximadamente cem bilhões de estrelas. Uma dessas estrelas é o Sol, chamada de estrela anã e em torno dela giram massas planetárias sem luz própria, sendo uma delas a Terra. Nesse lugarzinho tem uma coisa chamada vida. A ciência calcula que na Terra existam mais de trinta milhões de seres vivos. O homem é um deles: "*Homo sapiens*", uma das mais de três milhões de espécies já classificadas. Hoje temos mais de sete bilhões de seres humanos, e você é um deles".

"Respondendo, portanto, a pergunta: sabe com quem está falando? A resposta é simples: Você é um dos mais de sete bilhões de indivíduos de uma espécie das mais de três milhões de espécies já catalogadas, que vive num planetinha que gira em torno de uma estrelinha, entre cem bilhões de estrelas da Via Láctea, que é uma entre duzentos bilhões de galáxias de um dos universos entre outros possíveis no firmamento".

Encantou-me esse trecho da obra de Cortella. Leia-o por inteiro. Você vai gostar, tenho certeza. Percebemos o nosso nada, percebemo-

-nos como uma partícula minúscula do universo, mas o mais importante: "faço parte".

Quando lemos os sermões do Padre Vieira, que nos diz com sua eloquência: "Quem é esse ser poderoso por quem Deus Pai enviou seu Filho, para verter sangue na Cruz e salvá-lo, redimindo-o do pecado? Sou eu, é você, filhos de Deus", compreendemos a grandeza do ser humano, no seu pecado e na graça de Deus.

Uma das coisas que me levou a Deus foi estudar um pouco a ordem, a dimensão e a organização do universo. Qual o ser ou qual a ciência teria capacidade para fazer tudo isto? O acaso? O acaso é sempre desordenado. Você já viu do caos sair alguma coisa perfeita e bela? Se você visitar o Caraça em Minas Gerais e apreciar as estrelas, em noite de julho, se você visitar um riacho no Chile com águas de geleiras, se você sobrevoar a orla do Rio de Janeiro vindo para São Paulo em uma tarde ou noite clara, se você sobrevoar o deserto da Mauritânia em noite de lua cheia, se você sobrevoar as montanhas suíças em dia de sol, ainda no começo das nevadas, não será possível deixar de crer na Divina Majestade. E veja que o que estou citando é nada diante da magnitude infinita do universo.

Sou um dos mais de sete bilhões de indivíduos deste mundão de Deus e espero estar colocando um grãozinho de areia para a sua construção, procurando com este livro torná-lo melhor e assim contribuir com a Divina Majestade. Se conseguir, serei um homem realizado, apesar da minha pequenez e da minha insignificância. Você também é meu convidado a realizar um projeto de sua alma, de modo a iluminar os caminhos desta vida para todos que aqui caminham rumo à eternidade.

Espero também que sirva para mostrar aos meus netos e bisnetos que vivi em um mundo irreal para eles. Como viver sem luz elétrica? Sem água encanada? Sem banheiro dentro de casa? Sem geladeira, sem carro, sem celular, sem televisão, sem internet? Será isso possível?

Penso que as crianças, os jovens e mesmo alguns adultos de hoje se sentiriam perdidos e com grande dificuldade para viver se tirássemos deles a internet, o celular e os iPad, iPed, iPod e iPhone (já existem o iPid e o iPud?).

Faz menos de cinquenta anos que vivíamos sem isso e não só conseguimos viver como nos tornamos vencedores diante dos desafios do mundo, e é bom que filhos, netos, bisnetos saibam disso: fomos criados para sermos vitoriosos, para que enfrentemos as batalhas com destemor, sem desanimar; pelo contrário, com todo o desejo de caminhar para o bem.

AGRADECIMENTOS

Mais do que a qualquer pessoa, tenho que agradecer à Divina Majestade. Se até minha neta Valentina, aos três anos, quando perguntada onde estava antes de seus pais se casarem, respondia que estava nos planos de Deus, eu também sinto que faço parte dos planos de Deus, apesar da minha insignificância. Sou um ser humano, criado para colaborar na obra divina da criação. É assim que me sinto e tenho certeza de que minha vida só valerá a pena se eu contribuir para tornar este mundo melhor por meio de minhas atitudes.

Agradeço a meus pais, sem os quais eu não existiria. Foram pessoas extremamente simples e pobres, mas trabalhadoras, honestas, verdadeiras, que me ensinaram a amar a Deus, amar o próximo, a trabalhar, a lutar para vencer na vida.

Meu pai, além de ser um homem muito trabalhador, era um modelo de honestidade, como também de amor ao próximo. Lembro-me do seu esforço para construir, na Vila dos Gaspar em Congonhal, pequenas casas para abrigar pessoas extremamente pobres e também que com um dia de trabalho pagava dois dias do trabalho de alguém para ele. Às 6 horas da manhã iniciava uma tarefa, que terminava até uma hora da tarde, quando pedia que lhe fosse medida a segunda tarefa que terminava até o fim da tarde. Quando fazíamos tijolos, ele conseguia com uma caçamba manual retirar o barro da várzea, levá-lo até a buza e amassar o barro para o batedor. Em quatro dias eram produzidos dez mil tijolos. Na sexta-feira fazíamos a caieira e ao final do dia papai já estava colocando fogo para queimá-la, passando toda a noite jogando lenha nas bocas da caieira para que até a noite de sábado já estivessem queimados os tijolos, para que no domingo se desse o processo de resfriamento e na segunda-feira, nós filhos, já pudéssemos estar carregando os caminhões dos compradores. Quem conhece esse trabalho sabe o quanto era estafante, mas papai tinha muitas bocas para alimentar. Desde os sete anos, nós filhos, já trabalhávamos na olaria virando tijolos, fazendo gambetas, ajudando a fazer caieiras e carregando caminhões.

Se uma palavra pode resumir meu pai essa palavra é trabalho, o que aconteceu até o fim de sua vida, aos 78 anos, completados dentro do hospital onde faleceu, depois de cinquenta e seis dias de agonia, vítima de um acidente, pela irresponsabilidade do poder público, ao mudar o trânsito da Rua 15 de Novembro em Mogi Guaçu, em 1999, sem colocar qualquer sinalização. Nesse mesmo dia, três pessoas sofreram acidentes nessa rua, sendo que o do meu pai foi o mais grave e que o levou de nosso convívio.

A severidade era outra marca de meu pai. Foi por certo o que aprendeu com seu pai e na vida.

Minha mãe era de uma doçura e de uma sabedoria imensas e de um desprendimento fantástico: sempre que comprava um quarto vestido, doava um dos que possuía e dizia que não precisava mais do que três vestes, sendo uma em uso, uma sendo lavada e uma de reserva para alguma emergência.

Ensinava-nos com seu exemplo o desapego e o amor ao próximo, coisas tão difíceis em nosso mundo. Ensinou-nos a sermos tementes e a amarmos a Deus e a confiarmos em sua misericórdia, principalmente nos momentos de agruras.

Era de pouco falar, mas o que dizia era sempre importante para a nossa vida. Jamais encontrei alguém que fizesse um ovo frito, uma carne de porco, uma batatinha frita ou um quiabo tão gostosos como mamãe.

Teve a sabedoria de perceber que se ficássemos na roça iríamos sofrer pelo resto da vida e nosso futuro seria muito difícil, por isso nos encaminhou (os cinco primeiros filhos) para a vida religiosa, na qual pudemos estudar e nos desenvolver.

Nessa época os pobres só tinham duas opções: ir para o seminário, estudar para ser padre, ou ir para o exército. Na concepção da minha mãe, o ambiente do exército era um ambiente distante de Deus e então nos encaminhou para o seminário.

Devo-lhes o que sou, pois sei do sacrifício, da entrega, da doação total que tiveram para que eu pudesse ser uma pessoa crente em Deus e nos valores espirituais, os quais me levam a ter um sentido na vida e, ainda que com tantas dificuldades, procure segui-los. Sei que fizeram por mim tudo o que lhes era possível fazer. Que Deus os abençoe e lhes conceda sua paz eterna.

Uma pena muito grande é que não se amaram como poderiam ter-se amado. Muitos ressentimentos tomaram conta de suas vidas, principalmente pelas dificuldades extremas pelas quais passaram e que não souberam enfrentar juntos.

Meus agradecimentos aos meus familiares: filhas e filhos, netos e netas (a coisa melhor do mundo), genros maravilhosos e futuras noras (que ainda não tenho, mas para quem rezo todos os dias, certo de que Deus colocará pessoas certas na vida de meus filhos), irmãos, irmãs, cunhados, cunhadas, sobrinhos e sobrinhas, tios e tias, sogra e meus afilhados. Todos vocês foram a grande força de minha caminhada, que todos sabemos ter sido difícil, mas vitoriosa.

Agradeço à minha filha Mayra, que com sua experiência de já ter escrito três livros me orientou na produção desta obra e fez uma revisão de tudo que escrevi e deu-me ideias para melhorá-lo. Muito obrigado à Beatriz, minha neta, que ajudou Mayra neste trabalho. Também agradeço ao Leonardo e ao Leandro, pela paciência em me ajudar nas dificuldades com o uso do computador, socorrendo-me todas as vezes que algo não dava certo. E agradeço às minhas filhas Thais e Érika, fontes de inspiração e ajuda, principalmente nas horas difíceis. E aos meus netos, todos, para eles em especial é que dedico esta obra. Foram eles que me motivaram a contar minha história de vida.

Deixei por último para agradecer à minha esposa. Não sei se foi o acaso ou o destino, mas eu encontrei minha amada. Digo sempre que podemos, nós homens, escolher qualquer mulher de todo o mundo para nos casarmos. Eu a escolhi dentre todas as mulheres do mundo por ser muito diferente de mim, por me completar, por ser a parte que não sou: feminina, criativa, disposta, positiva diante de tudo, guerreira. Foi uma graça especial de Deus na minha vida tê-la encontrado tão logo cheguei a Mogi Guaçu. Sem ela perco o chão, sinto-me vazio, sozinho, perdido no mundo. É minha fortaleza, meu refúgio, minha segurança, minha amada. Os filhos pensam que brigamos muito, o que não é verdade. Discutimos muito porque somos muito diferentes, mas isso nos leva ao entendimento.

Agradeço aos leitores deste livro, pela compreensão das minhas falhas e pelo apoio que me dão. Conhecerão um pouco de mim e me perdoarão, estou certo, pelos meus erros.

SUMÁRIO

Parte **1**

MINHA VIDA

Conto como era o mundo em que vivi, as dificuldades da vida, os conflitos pelos quais passei e as oportunidades que a vida me deu. Pretendendo mostrar aos meus descendentes um mundo inteiramente desconhecido para eles, nascidos no século XXI.

Penso que nosso mundo era mais sólido, mais tangível, mais carregado de relações, mais humano, se comparado ao mundo atual, tão líquido, tão fugaz, tão superficial. Não creio que o mundo de hoje seja pior, nem melhor que o meu, é apenas muito diferente.

LEMBRANÇAS DE MINHA INFÂNCIA

Nascimento e moradia

Nasci no dia 20/05/47 e fui registrado como tendo nascido no dia seguinte, 21/05/47, que é a data que consta de meus documentos. Nasci num lugar chamado Córrego do Bebedouro, zona rural de Congonhal, Minas Gerais, em propriedade de meu avô, conhecido como José Emboaba. Não sei se há alguma correlação entre seu apelido e a Guerra dos Emboabas, mas pode ser, até porque meu avô era descendente de portugueses.

Meu nascimento foi em casa, por mãos de uma parteira, Dona Maria Miguel, como sempre acontecia naquela época. Congonhal não era cidade, mas um distrito de Pouso Alegre, e só veio a se emancipar em 1953, ainda um lugarejo pobre e de poucos habitantes.

Convivi pouco com meus avós paternos Leandro Machado Coutinho e Emiliana Angélica Monteiro. Meu avô era filho de portugueses e uma pessoa um pouco rude, como me foi contado por meus tios; e minha avó era uma pessoa sensível e de educação mais refinada. Deve ter passado por situações muito difíceis na convivência com meu avô.

Com meus avós maternos convivi mais. José Emboava (José Domingues), também filho de portugueses, era um católico fervoroso e muito enérgico. Já minha avó Ana Custódia da Conceição (Sinhaninha) era uma mulher baixinha, extremamente pacata, bonachona, da qual me lembro fazendo cafuné em nossas cabeças.

Nasci na propriedade de meu avô materno. Lá existiam três casas, sendo uma de meus padrinhos Messias e Maria; a casa maior do meu avô e de minha avó Sinhá Aninha (Sinhaninha) e a última a de meus pais, José Gerado e Ana Custódia.

Eram casas de pau a pique, ou seja, construídas com barro colocado em uma estrutura de madeira ou bambu com cipós e revestida de tabatinga, que para ser fixada bem e formar parede era misturada em estrume de vaca, porque ele dava uma boa liga no barro tabatinga e uma cor agradável. As paredes ficavam de cor creme claro. Não havia forro, exceto na casa de meu avô, em um dos cômodos, a sala, que tinha um forro constante de uma esteira trançada de palha de milho. A cobertura da casa era de telha e o piso em alguns lugares era de tábuas e em outros de terra. Eram casas propícias para o bicho-barbeiro, muito comum em Minas, e que trazia uma série de doenças em quem era infestado por ele, especialmente no coração, mas também no intestino. Creio que foi muita sorte me livrar disso, como também meus irmãos mais velhos, nascidos e moradores daquelas casas.

Não havia iluminação elétrica e a luminosidade era obtida com lamparinas, velas ou tochas, dificultando bastante a vida, especialmente para estudar e fazer lição de casa.

Não havia água encanada e as casas possuíam cisternas, das quais era tirada a água para beber, cozinhar e tomar banho. O banho geralmente era feito em uma bacia e o sabão era feito em casa com o uso de sebo, restos de gordura e soda cáustica. Na época do calor era possível tomar banho na bica-d'água, quando a água estava limpa.

Não havia banheiro (sanitário) e o que havia era uma casinha, com uma fossa, fora de casa, utilizada sempre que necessário. Para uso noturno, ou para doentes, que não podiam ir fora de casa, era utilizado um penico, conhecido por urinol, que era colocado embaixo da cama e cujo conteúdo era despejado na fossa na manhã do dia seguinte.

Nessa casa nascemos eu e meu irmão Simão. A Abigail tinha nascido no bairro dos Miguéis, antes de meu pai vir para essa casa. Eu e Simão nascemos na casa construída por meus pais nas terras de meu avô paterno, e o Jairo e o Carlos nasceram na casa construída por meus padrinhos, Maria e Messias, também nas terras de meu avô. Era a casa de chegada nessa propriedade, para onde meu pai se mudou quando meus padrinhos foram morar em Congonhal, para se estabelecerem no comércio.

Os partos foram feitos por parteira, fato muito comum naquela época, mas que por vezes levava a situações críticas e risco de morte, como quando o cordão umbilical estava em volta do pescoço, como ocorreu com meu irmão Simão.

Entre o nascimento do Simão e do Jairo, moramos por um ano e pouco em Congonhal, onde meu pai tentou a vida de comerciante. Minhas lembranças de vida mais antigas são dessa época, quando eu tinha quatro anos, e lembro-me de levar pastel para o café da tarde de meu pai em sua venda. Lembro-me ainda de ter presenciado o casamento na igreja local do Lázaro do Zé Souzinha nessa mesma época, algo muito grandioso e solene para a minha cabeça, acostumada a coisas muito simples.

Meus seis irmãos mais novos (somos 11 ao todo) nasceram em um sítio que papai adquiriu de José Delfino, a um quilômetro da cidade de Congonhal, após vender nossa antiga propriedade no córrego do bebedouro, hoje uma pastagem para gado, onde por vezes também se planta eucalipto, batata inglesa, milho ou mandioca.

O trabalho na roça

Morei no sítio de meus avós até meus oito anos e pouco e lembro-me das dificuldades passadas, pois a nossa vida resumia-se a trabalhar desde muito pequenos. Com cinco anos já tínhamos que ajudar em casa, seja tratando das galinhas, dos porcos, separando os bezerros das vacas toda tarde ou ajudando a mãe em alguma coisa. Aos seis anos, comecei a ir com meu pai para a roça, já levando uma pequena enxada utilizada para cultivar a terra, com o plantio de milho, mandioca e batata-doce, esta para tratar dos porcos de meu avô. Na nossa casa, só lembro-me de ter duas vacas, algumas galinhas e uma égua de montaria para meu pai. Também nessa época, passei a ser ajudante de meu pai no manejo do carro de boi, pois já íamos trabalhar uns 3 quilômetros distantes de casa, ou às vezes mais longe, para plantar feijão em outra terra de meus avós, chamada de Mato da Conceição, no bairro das Almas; ou plantar arroz em terras arrendadas de terceiros, agora já em bairro bem mais distantes, principalmente do senhor Joaquim Caetano, na várzea do Cervo.

Iniciar o trabalho muito cedo foi muito desgastante para mim e para meus irmãos mais velhos. Tenho certeza que isso afetou nossa capacidade física e que teríamos crescido mais se tivéssemos uma alimentação saudável e tempo para brincar e desenvolver.

A plantação de feijão exigia, naquela época, queimar as matas existentes naquelas terras do Mato da Conceição. Lembro-me de ajudar a fazer aceiro para impedir o fogo de passar de um lugar para o outro, mas certa vez, com a mudança da direção dos ventos, o fogo passou da área delimitada atingindo outras árvores, dando um enorme trabalho para os homens controlarem a situação. Foi uma das primeiras vezes que vi uma turma de homens adultos desesperados, mas aprendi que com fogo não se brinca.

Também me lembro da existência de muitas cobras, principalmente cascavéis, e uma vez estando eu de candeeiro (guia) à frente dos bois, meu pai teve que saltar do cabeçalho do carro e matar uma cascavel, pois eu não a tinha visto e ia passar por cima dela, possivelmente sendo picado, o que resultaria na minha morte, pois não havia mínima condição de receber socorro naquele lugar, isso em meados dos anos 50.

Lembro-me ainda de ter passado por uma tempestade muito feia nesse local. Nosso abrigo era um ranchinho de sapé que utilizávamos para fazer o almoço ou para esquentar a marmita em fogão improvisado com pedras, utilizando-nos da lenha retirada das queimadas. A tempestade foi tão feia que Tio João, que tinha ido lá nos levar marmita e já tinha ido de volta para casa, retornou ao ranchinho para ver se meu pai e eu estávamos vivos. Até hoje não tenho medo de tempestades e procuro animar aqueles que estão por perto de mim. As pessoas têm medo de raios e trovões, mas quando os sentimos, pela visão ou pelo ouvido, esses fenômenos já ocorreram. Não há, portanto, razão para ter medo, mas sabemos que os medos são irracionais e muitas vezes servem para nos proteger.

O serviço era muito penoso, especialmente quando tínhamos que descoivarar a terra (para limpar a terra dos pedaços de árvores que tinham sido queimadas), pois ficávamos pretinhos de carvão, da cabeça aos pés, e quando voltávamos para casa o banho era na bacia, o que tornava impossível retirar as marcas de carvão, especialmente para uma criança. Para mim, nessa idade, não me preocupava a limpeza, pois o cansaço era tão grande que o mais importante era comer alguma coisa, tamanha era a fome, e dormir, tamanho era o cansaço.

Hoje o Mato da Conceição, como chamávamos, é uma pastagem para engorda de bois. Perdeu totalmente seu encanto. Não existe a mata, nem cascavéis há mais. O riacho que passava ao fundo é um restinho de nada. O tempo não volta e as coisas mudam com o tempo. Quem viveu, viu, quem não viveu, não mais verá. Apesar do sofrimento pelo qual passei, sinto saudades daquele tempo. Ali muitas vezes comi na marmita requentada em fogão improvisado, ali conheci as dificuldades dos pequenos sitiantes, ali conheci a pobreza, ali aprendi a trabalhar e a dar valor às coisas, por simples que sejam.

O trabalho nas terras do senhor Joaquim Caetano era mais interessante, apesar de haver muitas cobras jaracuçus, pois o Rio Cervo passava ao fundo da várzea e depois seguindo abaixo e passando por Congonhal. Era um rio que tinha muito peixe, mas meu pai raramente pescava, e quando o fazia chegava a pegar tabaranas de mais de um quilo. Esse peixe é muito bonito e se parece com o dourado. Pescá-lo é muito gostoso, pois é um peixe lutador, que salta fora da água e tenta escapar do anzol de todo o jeito. Eu pegava alguns lambaris, também bem bonitos, utilizando-me de minhocas, aleluias ou pequenas rãs. As rãs e os girinos eram iscas especiais para apanhar tabaranas e pequenos dourados, que também gostavam de lambari fisgado no anzol pelas costas, ainda vivos. Bagres e mandis só gostavam de minhocas e água turva, ou suja – como dizíamos –, isto é, avermelhada devido à terra desassoreada das margens ou de terra arada, geralmente depois de chuvas quando o rio enchia.

Nosso meio de transporte era o carro de bois. Nunca tivemos bois grandes e bonitos. Devido à situação financeira, meu pai comprava bezerros, pouco mais que desmamados, ensinava-os a trabalhar com carro de boi e, passados dois anos, já um pouco maiores e treinados, os vendia com um bom lucro, o que nos ajudava no sustento da casa. Quase sempre tínhamos três juntas (pares), a da guia (frente), a do meio e a do coice (traseira). Dava inveja ver o carro de bois do Zito (João Lúcio dos Santos), carro grande, com quatro ou cinco juntas, todas bem aparelhadas. O bonito era isso, ter bois grandes do mesmo tamanho, mesma cor, manchas parecidas, chifres parecidos, formando um conjunto harmonioso, e o carro cantando quando em trabalho. Meu padrinho Benedito também teve alguns bois e um carro parecidos com o do Zito. Em um dos seus bois se podia montar, mas não me aventurei a sair sozinho passeando nele, como em um cavalo. Aliás, não aprendi direito a andar a cavalo. Meu pai não nos dava tempo para ficarmos de folga e podermos aprender a andar a cavalo, nadar, pescar, etc. No conceito dele, tínhamos muito trabalho para fazer. Sua luta para criar os filhos foi gigantesca e ele conseguiu, mas na época era difícil compreender o porquê de não podermos brincar. Hoje o compreendo.

O trabalho de preparo da terra era feito com arado, quando se tratava de uma terra mais ou menos limpa e não muito íngreme, ou com enxadão, ou enxada, em lugares íngremes ou cheios de pequenos arbustos ou pedras, sendo neste caso muito difícil e pesado tal trabalho. Os arados, em Minas, eram comumente puxados por bois. Foram os antecessores dos tratores de hoje. Como nossos bois eram pequenos, sempre arávamos a terra com seis bois. Quando eu tinha uns sete anos, tentei segurar o arado e levei um golpe que me jogou longe. Era uma coisa muito pesada para criança. Meu pai nada disse, sabia que não era serviço para mim, mas era bom aprender fazendo. E também aprender os limites que temos.

Depois de arada a terra, era preciso quebrar os terrões grandes, serviço feito com grades ou toras de madeira, também puxadas pelos bois, para preparar a terra para receber as sementes, geralmente de milho, arroz, batata ou mandioca.

A plantação de sementes era feita de forma muito rudimentar, sem qualquer tecnologia, quase sempre cavando pequenos buracos com enxada e jogando a semente com as mãos, nos casos de feijão e milho. Para o arroz havia uma máquina manual que tinha um recipiente no qual eram colocadas as sementes. Essa máquina tinha um bico que era batido na terra com um orifício. Com a mão fazíamos um movimento que permitia a abertura do orifício pelo qual saíam as sementes e, em seguida, fechávamos tal orifício com um movimento manual em sentido contrário. Era um movimento constante e ritmado, para que a mesma quantidade de sementes saísse a cada vez, deixando na terra o arroz suficiente.

O cuidado das plantas era todo feito manualmente, com uso quase sempre de enxadas para carpir os matos que apareciam. O trabalho mais difícil era carpir em plantação de milho, pois sua folhagem cortavam os braços da gente e para isso tínhamos de usar camisas de mangas compridas. Capinar em lugar com muita pedra também era algo que não rendia quase nada, pois a enxada perdia o corte. Carpir arroz, em lugar que tinha capim marmelada, também era difícil, pois os dois são muito semelhantes quando ainda pequenos.

Dos trabalhos de roça, lembro-me muito do quanto era difícil roçar pastos (limpar), para retirar sapé, santana ou guanxuma. O sapé corta a mão, a santana é grudenta e a guanxuma arrebenta quando puxada, deixando uma batatinha na terra, e todas estas ervas daninhas prejudicam seriamente a pastagem do gado. Naquela época não sabíamos que essas ervas são próprias de terra ácida, terra ruim, e que para torná-la boa bastaria colocar calcário.

Outro serviço difícil é arrancar cupim, mas esse não era um serviço para criança. Os cupins têm buracos que são abrigos para cobras, escorpiões, etc. Uma vez eu estava quebrando um cupim, para procurar aleluia (isca para pescar), e fui ferroado por um escorpião. Nem contei para minha mãe, pois poderia acabar apanhando. Eu tinha uns sete anos. O escorpião era pequeno e creio que por isso não tinha veneno suficiente para me fazer mal.

Também levei picada de abelha, queimada de taturana no braço; corri de bois bravos nos pastos, finquei espinhos no pé, uma cobra-d'água (não venenosa) pulou em mim do barranco de um córrego que estava sendo limpo, outra (não sei se era venenosa ou não) enrolou-se em meu braço, após eu ter pulado numa touceira de capim. Coisas da roça.

Certa vez para fugir de bois que estavam sendo tocados pela rodovia, perto de casa, já eu com oito anos, passei por baixo de uma cerca de arame farpado e uma roseta entrou inteira no meu pé. Meu irmão, Simão, de saudosa memória, teve que puxar para tirá-la. Também nada disse para minha mãe. Como andávamos descalços, acho que tínhamos imunidade contra tétano. Teríamos morrido no caso de infecção, mas não sabíamos da gravidade da situação.

Do trabalho com carro de boi, lembro que uma vez o carro tombou e me jogou longe, e meu pai correu para ver se eu não tinha sido pego. Como trabalhávamos com bois não muito treinados, o serviço era difícil. Às vezes a subida era muito íngreme e os bois não tinham força suficiente para puxar o carro, então tínhamos que diminuir a carga. Outras vezes o problema era na descida, pois a junta do coice não tinha força para segurar o carro e, neste caso, amarávamos galhos de arbustos atrás do carro para fazer contrapeso.

Meu pai, uma vez, pulou do cabeçalho do carro, escorregou e caiu, machucando-se muito. A roda passou por sobre o seu peito, ferindo-o, pois o carro estava muito pesado. Eu não estava com ele nesse dia, mas lembro a nossa preocupação com sua saúde.

Certa vez fui com meu pai buscar moirões para a construção de cercas, lá pelos lados dos Quintilhanos, ao pé da Serra das Tronqueiras, como é chamado esse braço da Serra da Mantiqueira naquela região. O tempo mudou de repente e a temperatura caiu muito. Eu não estava agasalhado (na verdade, não tinha agasalhos) e naquela época andava descalço e de calça curta. Minha roupa ficou toda molhada, devido a uma chuva fininha, e eu entrei em processo de hipotermia. Batia o queixo e tremia todo. Por sorte, havia uma casa perto do local onde estávamos passando, já com o carro carregado, e meu pai levou-me para dentro dela, tirou minha roupa, que foi para perto do fogão de lenha para enxugar. Vestiram-me com um paletó de algum adulto da casa, deram-me um café com leite quente e assim recuperei-me da situação. Foi algo que me marcou muito, pois foi uma situação bem difícil de suportar devido ao frio intenso.

Apesar de todos os percalços e da dureza do trabalho, gosto de carros de bois e sei apreciá-los, bem como entendo um pouco do assunto, pois fui candeeiro e já tentei ser carreiro, mas era muito pequeno para isso, e o que carreei pouco passou de um treino. Sei que não existe carreiro sem que tenha sido candeeiro, já nos ensinou Guimarães Rosa. O candeeiro é o ajudante e o carreiro, o chefe. O carro cantando e o carreiro levando maciamente seus bois, com o candeeiro à frente, são coisas que me encantam. O canto do carro é uma melodia que parece o lamento das agruras do trabalho no campo, mas aos ouvidos do carreiro parece doce, como uma litania (ladainha cantada num tom constante, como um mantra).

A iniciação religiosa

Minha família – avós, tios, pais, etc. – era toda composta por católicos, praticantes, na medida do possível. Em nossa cidade, missa só de vez em quando. Não havia sacerdotes disponíveis para lugarejos pequenos como lá. De vez em quando aparecia alguma boa alma (sacerdote) para fazer batizados, atender confissões, realizar casamentos e celebrar missa. Mas a gente aprendia religião em casa com as mães. Era coisa sagrada, ou seja, era uma tarefa das mães transmitir a fé. O catecismo que estudávamos era dos mais tradicionais e o Deus que nos era ensinado era um Deus onipotente, onisciente e onipresente, que tudo pode, tudo vê, tudo sabe. Hoje entendo que Deus, pela sua essência, naturalmente é onisciente, onipotente e onipresente, pois do contrário não seria Deus. Mas naquela época essas qualidades, da essência de Deus, nos traziam medo. O nosso Deus de então era representado por um ser enorme, barbudo, carrancudo, ou seja, alguém de quem tínhamos medo. Não tínhamos a ideia do Deus Pai Misericordioso, do Deus de amor incondicional, do Deus Perdão. Era a ideia de um Deus que estava vendo tudo o que fazíamos, como que marcando tudo em um caderninho para depois nos cobrar dos nossos pecados.

A oração era algo constante e presente. Lembro bem que aos sábados à tarde íamos para a casa de meu avô, onde toda a família moradora daquele sítio reunia-se para rezar o terço. Com quatro anos eu já estava presente, ajoelhava-me, rezava e cantava. Aos domingos, de manhã, voltávamos a nos reunir. Meu avô determinava à minha mãe que lesse um trecho das Sagradas Escrituras. Não sei como ele escolhia o trecho, pois não havia jornal, rádio ou qualquer meio para orientar sobre qual a leitura do dia. Mas esse era o ritual, creio que pela iluminação do Espírito Santo. E depois da leitura, minha mãe era encarregada também pelo meu avô de explicar o que lera. Imagino a dificuldade que era isso para minha mãe, que tinha só o segundo ano de grupo primário, mas tinha o dom da sabedoria, que vem por graça do Espírito Santo.

Era muito comum também participarmos de procissões de uma casa para a outra nos sítios vizinhos. Acho que eram feitas novenas, mas não me recordo ao certo. Não tenho como pesquisar, pois meus tios, de idade maior que a minha, são todos falecidos. Sei que caminhávamos com tochas, feitas de bambu chinês (um bambu grosso), no qual era colocado azeite e um pavio que, uma vez aceso, iluminava nossos caminhos pelas estradas rurais de terra e esburacadas. Íamos de uma casa a outra rezando e cantando. Isso foi algo que marcou minha vida, causava-me encantamento, eu me sentia feliz de participar daquele ritual. Certa vez meu pai caiu de uma pinguela em um ribeirão, com meu irmão Simão ainda criança de colo, e foi um sufoco para salvá-los, pois o ribeirão estava cheio e meu pai não sabia nadar.

Sinto uma pena imensa das crianças de hoje por não aprenderem com seus pais o sentido da vida, do transcendente, da eternidade, do culto a um Deus, Pai amoroso e misericordioso. Fomos criados para a eternidade e isso nossos netos não estão aprendendo e compreendendo.

Depois de aprender um pouco do catecismo em casa, passamos, lá pelos sete anos, a frequentá-lo na Igreja Matriz para podermos fazer a primeira confissão e a primeira comunhão, que exigia das crianças terem sete anos, pois se dizia que era a idade da razão, ou seja, quando cada um já sabe o que está fazendo, principalmente se está cometendo um pecado grave, que exige uma confissão para poder de novo comungar. Imaginar hoje que uma criança de sete anos saiba o que está fazendo, parece-nos fora de propósito, mas era o que então acontecia. Sei que são situações completamente diferentes entre o ontem e o hoje, pois uma criança de sete anos hoje tem conhecimentos suficientes para dar aula a uma criança de sete anos daquele tempo, mas com certeza não tem a maturidade daquela.

Parece-me que a psicologia moderna entende que apenas após os dez anos é que a criança começa a ser autônoma, a discernir sobre o certo e o errado, o bem e o mal. Mas pelos idos de 1950, era um conceito da cultura popular que aos sete anos se chegava à idade da razão, do juízo. Nessa idade íamos para a escola, diferente de hoje, quando as crianças já vão para creches e escolas até com menos de um ano. Acho isso prejudicial para a formação das crianças, tanto dos vínculos afetivos e emocionais como dos vínculos culturais, mas é o que ocorre. Penso que até os três anos as crianças deveriam estar perto das mães, mas a modernidade quase sempre exige o trabalho das mães para ajuda no sustento do lar.

Quando terminei meu quatro ano primário, não havia mais onde estudar na minha cidade e fui mandado para o seminário, para estudar para ser padre. Naquela época as possibilidades de estudar eram pequenas. Nossa família era muito pobre e as opções para os pobres eram duas: ser padre ou ser militar. O conceito que minha mãe tinha era de que militares não acreditavam em Deus e, diante de sua crença, só restou uma alternativa: estudar para ser padre. Minha irmã Abigail foi para o convento e os três irmãos abaixo de mim foram também para o seminário. Só minha irmã e eu permanecemos por longo tempo na carreira religiosa. Com o surgimento de possibilidades de estudar mais perto de casa, como em Pouso Alegre e em Mogi Guaçu, meus irmãos voltaram logo para casa.

Minha mãe não tinha muitas opções e o que mais a preocupava era a de continuarmos na roça, sem estudar, puxando enxada e com poucas possibilidades de um futuro melhor. Agradeço muito a minha mãe por ter tido esta sabedoria e não me arrependo de ter ficado dez anos estudando para ser padre. Perdi muito da minha infância e juventude, mas ganhei muita maturidade por outro lado. Conservei minha fé, apesar de ter vivido alguns períodos de turbulências, dúvidas, questionamentos. Minha religião tem um significado especial na minha vida. Agradeço muito a minha mãe. Sem ela estaríamos fadados a viver na roça e nossos horizontes seriam limitadíssimos.

Brincadeiras

Não me lembro de brincadeiras na infância, quando muito e raramente brincava de descer escorregando uma encosta com uma catana de coqueiro, deslizando sobre a grama, o que hoje chamamos de "esquibunda", ou também brincar de balanço no galho de alguma árvore.

Não me lembro de brincar com bola ou outra coisa. Não me lembro de brincar de carrinho ou até mesmo de fazer uma boiadinha com sabugo de milho, coisa tão comum naquela época. Não me lembro de brincar com meu pai. Nosso tempo tinha de ser preenchido com trabalho. Quando mudamos para perto de Congonhal, tínhamos o Rio Cervo passando no fundo de nossa propriedade, mas não podíamos pescar, porque o que devíamos fazer era trabalhar. Lembro que o senhor Júlio Inácio pescava muitas piabas a menos de 200 metros de nós que estávamos capinando arroz. E várias vezes trocamos moganguinho, também chamada de abóbora com veias, por peixe, pois não tínhamos tempo para pescar.

Hoje, já adulto, compreendo meu pai, que por certo jamais brincou com seu pai (o meu avô), e ninguém dá o que não tem.

Lembro-me também que meu pai media uma tarefa para nós (Simão, Jairo e eu, e não sei se Carlos também pegou esse tempo), dizendo-nos que poderíamos pescar se terminássemos a tarefa mais cedo, mas quando a terminávamos ele nos dizia que tínhamos saído muito cedo e nos dava outra tarefa. Tanto a rigidez como a dureza do meu pai afetaram muito a minha vida, levando-me a ser intolerante e exigente, comigo e com outros, exigindo uma luta intensa comigo mesmo para ser mais flexível e tolerante com os que me rodeiam.

Só quando crescemos um pouco (pelos meus doze anos) é que pudemos pescar. E era muito fácil pescar. Conhecíamos o rio muito bem e cada pedaço era local para pescar um peixe diferente do outro. Cada peixe tinha sua isca de preferência. Dourado era pego na saída do ribeirão, com água pouco turva (barrenta), com isca de lambari vivo, fisgado pelas costas. Tabarana era pescada na saída do córrego, também com lambari vivo, fisgado pelas costas, rãs vivas ou girinos fisgados no anzol. Piabas eram pescadas no poço da tapichaveira com iscas de angu ou milho verde. É um peixe para quem sabe pescar e tem varas bem molinhas. Lambaris eram pescados quase no rio todo, mas o lugar ideal era na correnteza, embaixo do ingazeiro, com isca de aleluia, preferencialmente. Também pegavam na isca de minhoca, que geralmente é aceita por todo tipo de peixe. Com água suja era possível pegar bagres e mandis, em vários pontos do rio, com isca de minhoca ou tripas de frango. Às vezes dava mais trabalho apanhar a isca do que o peixe.

Uma grande pena, que me parece um crime ambiental, foi terem retificado o rio, com o propósito de permitir plantação irrigada de arroz. A retificação fez do rio uma corredeira, acabou com os peixes e nunca mais houve plantação de arroz. Um crime, porque as várzeas secaram e viraram pastos para gado. Hoje para pescar as pessoas têm que procurar os pesqueiros e apanhar peixes sem nenhuma graça. O Rio Cervo, no passado, chegou a ter peixes grandes. Tio João Machado chegou a pescar um dourado de aproximadamente dez quilos. Hoje o que lá existe é bagrinho, mandizinho, algum lambari e nada mais. O mesmo rio que me encantava e a tantos, hoje deixa tristeza ao vê-lo. É uma pena!

Alimentação

Éramos muito pobres e por isso nossa alimentação era muito simples. O café da manhã consistia em uma xícara de café com leite e um pedaço de bolo, ou brevidade, ou um sequilho, ou um biscoito, quando tínhamos alguma dessas coisas. Pão era algo inexistente em casa.

Nossas refeições constavam de arroz e feijão, todos os dias, acompanhados de batata, mandioca, laranja, banana ou macarrão, às vezes ovo e muito raramente carne. Macarrão para nós era mistura. Quando vim conhecer macarrão como prato principal, achei muito interessante. Hoje o aprecio com os diversos molhos e opções (menos ao alho e óleo, pois alho e cebola não fazem parte de meu cardápio). Era normal, aos domingos, comermos frango caipira, cabendo a nós crianças as asas, o pescoço, a costela e os pés, e aos mais velhos as partes mais carnudas; ao contrário do que ocorre hoje, quando os pais dão as melhores partes aos seus filhos. Por esse motivo a minha geração é chamada de "geração pé de galinha". Não tínhamos o hábito de comer carne de vaca, aliás, meu pai não gostava dessa carne, acredito que por não saber comprar carne de boa qualidade. Era costume chegar ao açougue e pedir carne das mais baratas, ficando difícil para mamãe consertar o estrago.

Quanto à carne de porco, por vezes a tínhamos, pois, quando se mata um porco caipira, o que mais se tem é gordura, necessária para o cozimento dos alimentos. Enquanto durava a gordura, não se matava outro porco. Existia o costume também de doar aos vizinhos, quando se matava um porco, um pedaço de carne, o que diminuía ainda mais a sua disponibilidade. Para a família esse era um gesto que nos ensinava, com o exemplo, a repartir aquilo que temos. Como não tínhamos geladeira, a carne de porco, depois de frita ou cozida, era guardada dentro das latas que guardavam a gordura. Desconheço carne mais gostosa que essa. Tem um sabor especialíssimo. Jamais vi alguém fazer uma carne de porco tão gostosa como minha mãe, bem como eram insuperáveis sua batatinha frita e seu quiabo ao molho de feijão e limão-rosa, chamado por nós de limão-cravo. Quando íamos trabalhar na roça, nossa comida era levada no caldeirão (boia fria) e era esquentada em fogão improvisado no ranchinho que existia no meio do mato, usado para abrigo de tempestades ou para almoçar. Era um rancho usado por meus tios quando passavam a semana inteira na roça. Gostava muito quando a comida tinha feijão, arroz, couve, sempre com um pouco de farinha sobre a couve e, em cima de tudo, um ovo frito. Era um manjar para mim, de gosto especial, até nos dias de hoje. É a única comida que me lembro da roça. Com certeza comíamos outras coisas, mas essa é a única que ficou registrada em minha memória.

Aos sábados, sempre íamos à casa do meu avô, à noite, para rezar o terço e então comíamos caldo de feijão, não como hoje, mas um caldo especial, tomado quase sempre em uma cuia feito com cuietê (um tipo de cabaça). Dou a receita neste livro para quem queira fazer.

O que era muito bom era o fato de toda a comida ser feita em fogão a lenha, pois o cozimento dos alimentos é feito bem devagar e quase sempre em panelas de ferro, o que, além de ajudar para não sofrermos de anemia, trazia um sabor especial.

Devido à distância da cidade e ao não costume de fazer pães, era muito comum termos bolos e outros petiscos como bolachas, bolinhos de fubá ou polvilho, broas, etc. Uma delícia e tanto eram as broas de "pau a pique", feitas com fubá, rapadura e canela, enroladas em folha de banana e assadas nas brasas do fogão a lenha. Aliás, comida feita no fogão a lenha tem outro sabor, mais ainda quando feita em panelas de ferro. Uma recordação muito marcante é a do bolo de panela. Era feito de fubá, açúcar e leite coalhado. Era assado na panela de ferro, no fogão a lenha, e para assar necessitava que fosse colocada sobre a panela uma folha de flandres coberta por brasas acesas. Era um bolo muito trabalhoso, mas especial.

No seminário sofri um pouco para aprender a comer carne de vaca mais do que para me adaptar ao gosto de cebola, que certamente era usada. Quanto ao alho, por ser muito forte, é fácil percebê-lo e então eu evitava, como ainda evito, comidas com esse tempero.

Como bebida, tomávamos água. Não me lembro de tomar refrigerante ou sucos. Nem me lembro de ver os adultos de casa tomando bebidas alcoólicas, nem cerveja, nem aguardente (pinga). Nem nas casas de meus tios e meus avós tinham costume de tomar bebidas alcoólicas. Meu padrinho Messias tinha o costume de tomar uma dose (bem pequena) de pinga no almoço e outra no jantar. Era um ritual. Disso só tomei conhecimento quando morei com meus padrinhos já nos meus 20 anos. Nunca vi meu padrinho beber fora desse contexto. Tenho certeza de não ter herdado o vício do alcoolismo, que geralmente é hereditário, pois no ano de 1968, que morei com meus padrinhos, em Congonhal, e tinha por única ocupação lecionar à noite, experimentei e bebi muito cerveja, mas bastou-me um porre, que me causou muita vergonha, ocorrido na casa de um amigo meu, para que eu deixasse completamente de beber. Posso dizer, exagerando, que talvez no ano, somando todos os copos de cerveja que bebo, chegue a uma garrafa, se tanto.

Aprecio sim um ótimo uísque, um bom vinho, uma cachaça especial, mas sei apreciá-los com extrema moderação, sendo raras as oportunidades para apreciá-los. Talvez uma ou duas vezes por ano. Aprendi a beber pouco suco e pouco refrigerante e sinto-me melhor assim.

Até hoje, quando me convidam para almoçar ou jantar, eu aviso a quem me convida sobre a minha dificuldade em comer alho e cebola. Como coisas muito simples e não sou uma pessoa difícil de alimentar, mas esse mal me acompanha, ou seja, a dificuldade com tais temperos.

Se alguém quiser me agradar é muito simples: frango caipira, ou costelinha de porco, ou cabeça de dourado ensopada, ou curimbatá frito, com acompanhamento de arroz e feijão. Gosto muito também de uma salada sem cebola, abobrinha batidinha, ovo frito, couve rasgada ou então de um "spaguetti alle vongole", principalmente se degustado em uma cantina italiana.

Alimento-me bem, pois todos os meus filhos e minha esposa cozinham muito bem, cada um a seu modo e com suas preferências.

Nos dias de hoje, acontece um fato interessante que é o de sair para almoçar fora e procurar logo um restaurante de comida caseira. Será que em casa não estamos comendo comida caseira? Penso que as crianças de hoje não conseguiriam viver no ambiente em que vivi. A realidade é muito diferente, muito *fast food*, muito *delivery*. Isso é um fato irreversível, próprio desta geração.

Uma das coisas que mais admiro em meus pais foi que em toda a vida preocuparam-se com que os filhos estudassem. Esta foi a nossa herança, nossa melhor herança.

Com sete anos iniciei meus estudos no Grupo Escolar Mendes de Oliveira, nome dado em homenagem a um poeta parnasiano nascido em Congonhal, então minúsculo distrito de Pouso Alegre (MG). Minha irmã Abigail, com mais de oito anos, teve de esperar que eu tivesse idade para poder estudar, pois morávamos há quase 5 quilômetros de distância da escola e tínhamos que fazer o caminho de ida e de volta, andando por estradas rurais, cortando pastos utilizados para engorda de bois, subindo e descendo morros, etc., fizesse sol, chuva ou mesmo tempestade. A convivência com a Abigail nos tornou muito ligados um ao outro.

O Grupo Escolar era o único de Congonhal e contava com menos de cem alunos nas quatro classes do curso primário. Lembro-me de que na quarta série minha turma somava apenas doze alunos.

Hoje minha terra é uma bela cidade, com mais de 15 mil habitantes, com um povo hospitaleiro e com belezas naturais maravilhosas, como a cachoeira das quinze quedas. Também famoso na cidade é o desfile com carros de boi que chega a ter 200 participantes.

O que me entristece é ver a divisão política ferrenha da cidade, coisa da minha infância que permanece até hoje, levando pessoas a se tornarem inimigas. Sou amigo de pessoas dos dois lados políticos, mas lá isso é raridade. O livro *Vila dos Confins,* de Mário Palmério, é um retrato do que acontece em minha terra.

Levantávamos antes das 5 horas da manhã, lavávamos o rosto e escovávamos os dentes, fazíamos alguma lição ou estudávamos à luz de lamparina, tomávamos uma xícara de café com leite, comíamos alguma coisa e, às 6 horas, pegávamos a estrada para chegarmos à escola antes das sete e meia. Lembro-me de que quando tínhamos dinheiro, levávamos uma moeda de um cruzeiro e comprávamos dois pães e dois doces para comermos, pois nosso almoço só se daria por volta das 13 horas, quando chegávamos a nossa casa. Quando o dinheiro era pouco, levávamos um pouco de açúcar e comprávamos um pão, no qual colocávamos o açúcar, e era a nossa alimentação da manhã. Por vezes levávamos banana como alimento ou o que fosse possível.

Dinheiro era uma coisa raríssima e nem sempre o tínhamos. De vez em quando encontrávamos nos pastos: araçá, pitanga, araticum ou amora que nos matavam a fome.

Os seminários (Menor e Maior)

Entrei no Seminário Menor em janeiro de 1958. Foram anos de muita luta. Os meus conhecimentos eram bem limitados diante das exigências do seminário. Sendo ainda um menino, a ausência dos meus pais, o ambiente de cobrança diária de responsabilidade, a disciplina, a obediência e a dedicação eram uma carga pesada para mim.

Até aspectos que hoje parecem simples, como civilidade, exigiam de mim muito esforço. Tínhamos notas mensais de comportamento, educação e civilidade. Eu viera do mato, acostumado a banho de bacia. Ter as unhas limpas era muito difícil. O que para mim era limpeza, no seminário era sujeira.

Eu tinha só um paletó (de cor marrom) e muitas sardas no rosto, por isso fui apelidado de Pardal, o que me magoava muito.

Quanto ao comportamento, passei por uma situação complicada. Certa vez fomos passear em Jacutinga, e no trem alguém ofereceu cigarro e eu aceitei. Quando voltamos para o seminário, uma semana depois, nosso reitor estabeleceu que a maior nota de comportamento para quem tivesse fumado seria cinco. Meu pai não aceitava menos que nove neste item e exigia explicações. Como explicar-lhe um quatro ou um cinco? Por sorte, neste mesmo mês, faleceu Dom Otávio, bispo de Pouso Alegre, e nós fumantes fomos indultados. Pena é que esse vício tomou conta da minha vida durante trinta e dois anos. Talvez uma nota baixa, que eu teria de explicar e sofrer as consequências punitivas de meu pai, poderia ter-me salvado do vício. Ou não.

As dificuldades no estudo eram muito grandes para mim que viera do mato, mas a cada ano consegui evolução em minhas notas mensais e, ao final do curso de humanidades, já enfrentava as matérias sem grandes problemas, mesmo o latim, o grego, a matemática, o português, etc. Só geografia continuou como tormento na minha memória, até hoje.

Algo que me auxiliou muito para falar em público foi um sistema que havia no seminário. Aos sábados, pelas 19h30, íamos todos para o Salão Grande de estudos, que comportava mais de cento e vinte pessoas, e enfrentávamos por sorteio as situações de fazer um discurso, declamar uma poesia, cantar sozinho, apresentar em grupo um jogral ou um esquete e assim por diante. Durante o ano letivo, éramos sorteados para alguma coisa, ou mais de uma coisa com um mínimo de cinco apresentações por ano, sendo que necessariamente deveríamos fazer um discurso ou declamar uma poesia (decorada).

Essa sala de estudos era onde tínhamos uma carteira pessoal na qual guardávamos os livros e, em horário definido, de dia ou de noite, fazíamos as lições e estudávamos.

Nosso reitor, monsenhor João Batista Rigotti, de saudosa memória e de uma imensa bondade, era um homem evoluído para seu tempo. Nos idos de 1959, implantou um dispositivo, constante de um quadro com os números de zero a nove, acionados de sua sala por um sinal elétrico e uma campainha, que quando tocada fazia com que todos olhassem tal painel e o aluno cujo número acendesse deveria dirigir-se para a sala da reitoria. Às vezes a chamada era para receber uma visita, outras para uma reprimenda ou para alguma tarefa especial. Este invento poupava uma bela pernada para o monsenhor, que era alguém de idade, mas que mostrava se tratar de um homem à frente de seu tempo.

Aprendi, nesse tempo, a jogar voleibol, futebol, futebol de areia e cheguei a fazer parte da Seleção Juvenil de Futebol do seminário, formando uma zaga respeitável com Ronaldo Henrique da Silva, um atleticano fanático, vindo de Belo Horizonte, que não sei por onde anda. Sou Cruzeirense e, nessa época, o time do Cruzeiro contava com grandes craques, como Raul, Piazza, Zé Carlos, Dirceu Lopes, Natal e Tostão, só dava Cruzeiro no campeonato mineiro. Como colegas de time, ganhávamos quase sempre, pois nosso time era muito bom, especialmente pela dupla de ataque formada por Meio Quilo (Nilton Ribeiro Landi) e Carneirinho (João Carneiro Mendes), dois jogadores excepcionais. Meu apelido nessa época era Mauro, em virtude de ser bom de cabeça como Mauro Ramos de Oliveira (zagueiro da seleção brasileira), enquanto Ronaldo era um craque com a bola nos pés. Era capaz de dominar a bola na área e sair jogando com toda a classe mesmo diante dos adversários. Jogávamos muito contra a seleção do Colégio São José e outros times da região, que sempre perdiam para nós e ficavam muito "putos" por perderem dos "padrecos", como chamavam a nós, os seminaristas.

Os anos 60 foram especialmente bons para mim. Já conseguia acompanhar os estudos bem e lia muito. Fui um leitor compulsivo que a cada cinco dias lia um livro, muitos de grande importância para minha vida. Na biblioteca do seminário, havia uma coleção dos livros que ganharam o Prêmio Nobel de Literatura, se não me engano, constante de trinta livros. Essa foi uma coleção que li com especial apreço. Foi nessa época que li vários livros de Gustavo Corção e Tristão de Ataíde, dois debatedores que muito influenciaram minha formação católica.

Em meados dos anos 60, fui para o Seminário Maior, em Mariana, fazer filosofia. Eu tinha menos de dezoito anos e, para viajar e pernoitar em Belo Horizonte, alguém teve de ser responsável por mim. Fui morar a aproximadamente 500 quilômetros de casa, sem ter notícias de meus pais durante cinco meses. O telefone era um desconhecido de meus pais e o correio funcionava muito mal, pois na cidade de Congonhal só havia um posto de atendimento. Eu já me acostumara a essa situação, pois desde o seminário em Pouso Alegre, cidade pouco distante de Congonhal, raramente recebia visita de meus pais, bem como cartas, que não tinham costume de escrever.

O primeiro semestre em Mariana eu levei na brincadeira, só "na flauta". A liberdade era muito grande e eu muito jovem. No fim do semestre (provas agora, só semestrais), encontrei-me em apuro. Filosofia compreendia estudar muitas matérias em livros escritos em latim. Eu sabia latim, mas a compreensão da temática ultrapassava minha capacidade mental. Nos cinco dias antecedentes às provas eu estudei feito um louco, ficando até sem comer, emagrecendo bastante, para poder me salvar nas provas. Após isso aprendi a acompanhar as matérias no dia a dia, o que me ajudou bastante, apesar da dificuldade grande nas matérias de lógica e psicologia racional.

O estudo de filosofia ensinou-me a pensar logicamente, a raciocinar, a ter método, enfim, abriu o meu pensamento. Devo muito do que sou ao estudo da filosofia.

Em Mariana, além dos estudos, participei de um coral muito grande, que tinha entre instrumentistas e cantores mais de cem pessoas, das quais em torno de vinte e cinco eram não seminaristas, mas formada por pessoas da cidade de Mariana, inclusive crianças. Pela tradição da cidade, especialmente por ter sido capital de Minas e contar com grandes pintores, escultores e músicos, Mariana dá valor à cultura e, nas ocasiões especiais, como a Semana Santa, ocorriam apresentações em grande pompa, com missas cantadas em três, quatro, ou mesmo em cinco vozes, com coral e orquestra, o que era algo majestoso e muito agradável, principalmente para quem, como eu, participava das apresentações.

Exercitávamos nosso ministério na comunidade como coordenadores de catequese, leitores, cantores e pregadores nas igrejas, etc. Os alunos de teologia eram os responsáveis pelas pregações elaboradas com todo esmero aos olhos críticos dos ouvintes, os colegas.

Tínhamos também um desenvolvimento teatral bastante bom, com a apresentação de peças que exigiam montagem de cenário, iluminação, som, etc., bastante sofisticado para a época.

Estudei dois anos em Mariana, cidade que muito me encanta. Ao final dos anos 60, passamos por uma situação revolucionária, quando nós estudantes pretendíamos não mais estudar em seminários, mas em comunidades menores, acompanhados de um padre indicado pelo bispo, e em faculdades públicas, visando maior aproximação do povo, o que acontece hoje. Esse movimento, chamado de diáspora, foi inclusive retratado em livro e foi origem da mudança na formação dos sacerdotes, que passaram a estudar em universidades e a conviver mais com o povo.

Em outubro, os bispos aos quais respondíamos nos chamaram de volta para nossas Dioceses e o ano letivo foi encerrado. Cada um de nós teve que ir pessoalmente tratar da situação com seu bispo. Dom José D'Ângelo Neto, arcebispo de Pouso Alegre, representava a linha conservadora da Igreja Católica naquela época, tendo inclusive sido candidato a Secretário-Geral da Conferência Nacional dos Bispos do Brasil (CNBB), apoiado por Dom Geraldo Proença Sigaud, bispo de Diamantina, e Dom Castro Maier, bispo de Campos, expoentes do conservadorismo no Brasil, apoiadores do movimento Tradição, Família e Propriedade (TFP). Dom José não aceitou de modo algum nossa proposta. Voltamos para casa e, alguns dias após, cada um foi chamado para uma conversa pessoal com o senhor arcebispo. Agradeci muito a ele o tempo em que o seminário me acolheu, fez parte de minha vida e não mais retornei. Muitos colegas foram para o seminário do Ipiranga, em São Paulo, e alguns deles tornaram-se sacerdotes, enquanto outros deixaram o seminário mais tarde. Não sei por onde anda a maioria de meus colegas, tanto de seminário menor como maior. Restam talvez uns dez, se tanto, que ainda encontro, o que lamento, pois convivemos boa parte de nossas vidas juntos.

Diferentemente de muitos que abandonam a religião católica quando deixam o seminário, eu continuei professando minha fé na Igreja Católica Apostólica Romana, composta por pessoas frágeis e pecadoras sim, mas Igreja de Deus. Sem minha crença, perco o sentido da vida.

Deixei o seminário e sempre me perguntam se foi por causa do celibato e eu respondo que não. O mais difícil para mim é o voto de obediência. Não sei obedecer. É claro que já na época de seminário o sexo feminino me atraía, mas o motivo de minha saída do seminário foi por não conseguir ser obediente. Digo, ainda hoje, que não tenho vocação para ser: padre, militar e médico. Não sei se fosse padre, se conseguiria observar o celibato. Provavelmente não. Aliás, defendo a liberdade de escolha dos padres para se casarem ou não.

Nas empresas privadas em que trabalhei, fui subordinado por pouco tempo, galgando logo posições de chefia, o que me permitiu continuar nelas por algum tempo.

Faculdade de Direito

Após deixar o seminário, passei um ano em Congonhal, lecionando em Escola Estadual e, em 1968, mudamos para Mogi Guaçu (SP). Inicialmente trabalhei no Banco Alfomares e depois em empresas industriais e no poder público municipal.

Em Mogi Guaçu não havia faculdade, nem em Mogi Mirim, e eu necessitava seguir um rumo que me levasse a uma profissão, pois os estudos de filosofia de pouco me adiantavam aqui no interior, nessa minha nova vida.

Um colega do banco onde eu trabalhava convidou-me para cursar Direito. Isso foi em uma quinta-feira e o vestibular seria no sábado. Na sexta-feira fomos fazer nossa inscrição e no sábado fomos fazer o vestibular. Eu, naquela época, estava muito bem preparado e fiquei em terceiro lugar entre os concorrentes. Lembro-me de ter optado por francês, ao invés de inglês, pois na época eu ainda falava francês, apesar da língua inglesa ser a língua oficial em muitos casos e, em especial, no mundo dos negócios. Um concorrente ao vestibular perguntou-me sobre a opção que eu fizera e lhe disse que por francês e ele me respondeu que se sentaria perto de mim na prova, pois escolhera francês por achar a palavra mais bonita que inglês e assim o fez, colando as minhas respostas em seu caderno de provas.

Cursar Direito foi extremamente fácil, comparado ao meu curso de Filosofia, mas existiam dois ou três professores que complicavam as coisas. Jamais os considerei bons professores.

Um deles gostava de maluquices. Certa vez indicou um livro que deveríamos ler e fazer um trabalho. Nenhum aluno conseguiu encontrar o livro, mas apenas um resumo de tal obra. Não existiam então as facilidades de hoje, de procura pela internet, em livrarias, em editoras ou até mesmo em sebos. O que fizemos foi um trabalho retirado de um resumo de tal livro. Esse professor fez prova oral sobre o nosso trabalho e foi um horror o resultado. Só conseguiram resultado positivo os que tinham facilidade em falar, tirar água de pedra ou ser muito bom de papo. A prova oral estendeu-se muito e, à uma hora da madrugada, o professor nos disse que deveríamos descansar um pouco e retornar às 9 horas para continuação. Para quem morava fora de Espírito Santo do Pinhal, como eu, não sobrou alternativa senão dormir em cadeiras, na própria sala de aula. Às 9 horas, as provas foram reiniciadas no mesmo esquema. Poucos alunos conseguiram nota igual ou superior a sete, que era a nota suficiente para passar direto, sem segunda chamada.

Outro professor achava que era "O professor". Deu uma aula inaugural magnífica e ao final dela nos disse que o livro indicado era o de certo autor (não me lembro de qual) para aquele ano, e que da próxima aula em diante estaria na classe para tirar nossas dúvidas e, se acaso não tivéssemos dúvidas, ele é quem nos iria inquirir sobre o conteúdo do livro. Foi um terror para nós durante três anos. Suas provas eram todas na forma oral. Colocava dez alunos sentados nas carteiras da frente e perguntava ao primeiro da fila: "O que você me diz sobre isto?", ao segundo dizia: "E você o que acha do que ele disse?" e assim sucessivamente até o décimo da fila. Ao final atribuía a nota a cada um, nunca mais que nota sete. O sistema escolar exigia que somássemos vinte e oito pontos em quatro provas, ou seja, ninguém conseguia fechar as notas com ele.

Certa vez marcou prova para um sábado e não compareceu. Marcou de novo para o sábado seguinte e de novo não compareceu. Pela terceira vez marcou para o sábado seguinte às 8 horas da manhã. Não tendo comparecido até 8h30, retiramo-nos da sala para nos prepararmos para prova de outra matéria às 10 horas. Nesse dia ele chegou pouco após as 8h30 e fez prova para um quinto dos alunos que ainda estavam na sala de aula. Não permitiu que alguém saísse para nos avisar e atribuiu a todos os ausentes um N/C, ou seja, não compareceu, e ficamos sem nota. Provocamos um pedido de transferência de todos os ausentes para outra faculdade e, diante disso, a direção resolveu substituir tal professor. Mas ficamos sem nota e tivemos de fazer um novo trabalho para que somado com o zero do não comparecimento nos permitisse ter alguma nota.

Nossa turma de Direito foi a última a fazer o curso em cinco anos, pois logo depois passou para quatro anos e, em 1974, formaram-se duas turmas.

Com outro professor também aconteceu um fato interessante, pois em uma prova ele narrou um fato e ao final questionou se o pedido do autor era moral ou imoral. Permitiu-nos conversar, procurar na biblioteca alguma fonte, desde que as respostas não fossem copiadas uns dos outros. Ao final de mais de uma hora de discussão, eu resolvi apelar para meus conhecimentos filosóficos e defendi duas teses na mesma prova, isto é, respondi a questão desenvolvendo um raciocínio de que o pedido pelo autor comportava os dois aspectos, uma moralidade objetiva e uma imoralidade subjetiva. Fui o único aluno a tirar 10 nessa prova, mas não consegui ajudar meus colegas, pois era uma tese complicada para ser explicada para quem não fosse filósofo e era um risco enorme o que eu estava fazendo.

Houve outro professor que depois de nos ter dado umas dez aulas pediu-nos uma avaliação sobre elas. Eram aulas chatíssimas, em que ele, o professor, pouco mais fazia do que ler em suas fichas o resumo daquilo que constava no livro adotado. Na avaliação critiquei tal fato e expus que a aula poderia trazer elementos complementares para o tema em estudo. Não consegui ter os 28 pontos necessários para não ir para o exame final com esse professor, como foi o caso da maioria de meus colegas, e fui para exame oral, repetindo a nota seis que ele sempre me atribuiu.

A coisa mais problemática nesse tempo foi pagar a escola, pois o meu ganho era necessário para ajudar o sustento da minha casa. A questão do transporte também foi complicada, pois no primeiro semestre não tínhamos ônibus para voltar para casa. O último ônibus saía da rodoviária às 11 horas da noite, o mesmo horário de término das aulas. Quando tínhamos a sorte de contar com a ajuda do motorista, que enrolava um pouco para sair da rodoviária, conseguíamos correr e apanhar o ônibus na saída da cidade. Mas quando o motorista, por algum motivo, saía no horário da rodoviária (coisa rara, mas que acontecia), perdíamos o ônibus, tendo que pegar alguma carona, o que era difícil nesse tempo em que poucos tinham carro. Às vezes tínhamos que ir até um posto de gasolina, na pista, para acharmos alguma "santa ajuda", já muito tarde. Chegava à minha casa sempre após meia-noite e no outro dia tinha que levantar às 6 horas para entrar às 7 horas no serviço.

Dos duzentos e doze colegas que iniciamos em 1969, formamo-nos em cento e vinte aproximadamente. Muitos desistiram e outros trocaram de faculdade. Decidi não exercer a profissão, pois naquela época eu ocupava o cargo de gerente na empresa em que trabalhava e, como me casaria logo, resolvi não arriscar. Não precisava sequer fazer exame da OAB, pois nossa turma fez estágio profissional aos sábados e assim era dispensada do exame, mas eu não me inscrevi na OAB e sou somente bacharel em ciências jurídicas. Arrependo-me hoje de não ter seguido a carreira de advogado. Eu tinha plenas condições de vencer nessa carreira. A preocupação financeira da época levou-me a procurar estabilidade, o que é uma característica que carrego comigo e que por vezes atrapalha a conquista de algo maior.

Sou apaixonado pelo Direito e gostava muito de ver os programas do STF, quando faziam parte dele renomados juristas. Hoje com Ricardo Lewandowski, defensor de interesses partidários; Dias Tófoli, dotado de pouco saber jurídico, advogado militante do PT que não se dá por impedido em vários julgamentos em que, por decoro, deveria se afastar; Edson Fachin e Rosa Weber, juízes de decisões muito teóricas, sem nenhuma paixão; Gilmar Mendes e Marco Aurélio que se apresentam hoje mais como políticos do que como magistrados da alta corte, tudo isso me levou a não mais ouvir debates no STF como quando lá estavam juízes de vasto conhecimento e apaixonados pelo saber e pela justiça, tais como: Carlos Ayres de Brito, Menezes Direito, Carlos Veloso e, às vezes, Eros Grau e o apaixonado Joaquim Barbosa.

Faculdade de Administração

Fazer Administração, para mim que trabalhava há muitos anos com Administração de Empresas, foi uma facilidade enorme. Aproveitando os créditos que eu tinha por ter cursado Filosofia e Direito, precisei cursar apenas os dois últimos anos da faculdade. Tive muito trabalho para dar conta de duas matérias: Matemática I e II e Contabilidade I e II. Tive que ralar um tanto para conseguir eliminá-las, mas nas demais disciplinas eu levava de braçada, pois eram o meu dia a dia nas empresas.

Tendo entrado já no terceiro ano do curso de Administração, não tenho tantas histórias desse período, pois o entrosamento com os colegas foi muito pequeno, além do fato de eu ser mais velho que a maioria dos alunos.

Lembro-me das dificuldades advindas do fato de eu já estar casado e de minha esposa estar fazendo faculdade de Pedagogia no mesmo período. Tínhamos empregada colaboradora para nos ajudar, mas quando ocorria de faltar ao serviço, nós tínhamos que decidir quem iria para a faculdade naquele dia e quem ficaria com as crianças em casa. Na época tínhamos três filhas, bem pequenas, que exigiam nossa presença.

Uma vez estava tão cansado que dormi no sofá da sala e minha esposa ao chegar chamou-me, exaustivamente, tendo inclusive acordado os vizinhos, mas não a mim. Diz ela que, em certo momento, eu abri a janela e perguntei o que ela queria e me deitei novamente, sem abrir a porta. Foi muita sorte minhas filhas não acordarem precisando de ajuda. Depois de muita insistência dela eu acordei e abri a porta.

Na faculdade, certa vez, fiz uma prova muito rapidamente, por considerá-la prova muito fácil. Quando o professor trouxe as notas, a minha tinha sido dois, se não me engano. E se tratava de matéria com a qual eu trabalhava todo dia. Pedi ao professor que me mostrasse os erros cometidos, pois eu não entendera o porquê de minha nota. Ele me conhecia, pelas colocações em classe, e afirmou ter estranhado meus erros, mas me deu as explicações cabíveis. Pedi revisão imediatamente e lhe expliquei que o modo como eu resolvia aquele problema (com três operações) era diferente do modo com que ele ensinava (com quatro operações). Meu professor fez a revisão e corrigiu minha nota, compreendendo que pelo modo que eu fazia o resultado era o mesmo, e que apenas para efeito didático é que se tornava necessário fazer como ele resolvia a equação, ou seja, que existiam outras formas de resolver o problema.

Tornei-me mais amigo de um dos colegas, porque muitas vezes dei carona para retornar a Mogi Mirim, especialmente quando não havia aula ou quando as aulas terminavam mais cedo. Esse colega, João Raimundo, convidou-me para padrinho de seu casamento. Foi um dos pouquíssimos colegas com quem mantive contato depois da faculdade.

Formei-me no final do ano de 1982, aposentei-me da profissão de administrador de empresas em 1997 e só em 2014 é que resolvi dar baixa no meu CRA e não mais exercer essa profissão.

TRABALHOS NAS EMPRESAS PRIVADAS

Banco Alfomares

Meu primeiro trabalho, com carteira profissional, foi no antigo Banco Alfomares S/A, agência de Mogi Guaçu (SP), na praça central da cidade – Praça Rui Barbosa. Era um Banco muito pequeno, sem expressão nacional. Éramos doze funcionários, contando o gerente, inicialmente senhor Bruno e depois o senhor Gilberto. Trabalhei lá por onze meses e quinze dias e, por não conhecer legislação trabalhista, pedi demissão quinze dias antes de completar um ano no Banco e em virtude disso perdi direito às minhas férias. A legislação trabalhista não previa, como hoje, o pagamento proporcional. Eu estava muito bravo, pois passara o dia 31 de dezembro sozinho na agência fechando balanço dos correntistas, quanto deviam, qual o seu saldo, especialmente o relativo às famosas cédulas rurais pignoratícias que tratavam de financiamento agrícola. Tinham que ser feitos cálculos e mais cálculos, em uma máquina manual, e datilografar os resumos em uma ficha enorme, que no fim gerava um resumo das operações. No dia primeiro de janeiro, de manhã, alguém apanharia os resultados e levaria para Campinas ou São Paulo (não lembro bem). Quando veio a gratificação anual em março, apenas eu não a recebi, pois não tinha um ano de Banco. Revoltei-me contra isso e pedi demissão. O gerente fez de tudo, disse que ia pedir minha gratificação, mas eu não aceitei e deixei o Banco. Foi a primeira vez que percebi que empregado é empregado e como tal é tratado.

No Banco aconteciam algumas situações inusitadas. Existiam dois clientes com movimentações financeiras muito grandes, mas só em cheques. O gerente pedia a eles, pelo amor de Deus, que cobrissem o negativo de suas contas, pelo menos um pouco com dinheiro, mas todos os dias, bem no final do expediente, chegavam os dois secretários desses clientes trazendo o quê? Outros cheques para colocar no lugar dos que estavam sem fundos. E assim passavam o mês todo, ou melhor, o ano. Uma situação que hoje seria impossível de acontecer em face da velocidade de informações que a tecnologia permite.

Trabalhávamos com uma máquina de calcular que era muito interessante. Ela movimentava-se toda e os cálculos eram feitos com o deslocamento de uma manivela e a movimentação de partes da máquina, algo muito complicado. De vez em quando essa máquina travava e a gente a levantava uns 30 centímetros da mesa e deixava a máquina despencar, e assim ela destravava e a gente refazia a operação.

Havia um caixa na agência que tinha uma mania um tanto maluca. Quando recebia moeda, ele atirava a moeda por cima dos ombros e a moeda caía direitinho em uma latinha, ou seja, no local onde guardava todas as moedas até o final do dia.

Todo dia tinha de ser feito o balanço da movimentação. Havia uma moça que conseguia fazer duas somas baterem, mesmo tendo errado na digitação de algum número. Assim, toda vez que dava diferença bastava ver a soma da Maria (nome fictício), porque lá, com certeza, estava a diferença. E assim a vida continuava, com a Maria errando e alguém consertando.

Mas a vida é assim mesmo, para permitir que uns ajudem outros. Esse Banco foi incorporado pelo Banco do Estado do Paraná e sua agência foi fechada em Mogi Guaçu pouco após ser inaugurada.

Grupo Chiarelli

Tinha acabado de deixar o Banco e, como não estava bem de saúde, fui fazer uma consulta em uma clínica da cidade. Enquanto esperava, vi um anúncio em um jornal local, dizendo que uma cerâmica estava recrutando auxiliar de escritório. Passei pela consulta médica e, apesar de estar com muita febre, resolvi ir à empresa. Atendeu-me o chefe do setor de pessoal, que me aplicou um teste de datilografia, tendo se assustado com a minha rapidez. Em seguida, redigi uma carta à empresa solicitando a vaga. Três ou quatro dias depois fui chamado para uma entrevista com o diretor industrial, com quem eu iria trabalhar. Fui aprovado e deveria dar uma referência. Fazia pouco mais de dois meses que eu estava na cidade e não conhecia quase ninguém. Falei com meu pai e ele procurou o senhor Amadeu Bueno de Camargo, para quem já trabalhara duas ou três vezes, e ele imediatamente procurou o diretor industrial daquela empresa. Sou grato ao senhor Amadeu por ter confiado no meu pai, apesar do pouco contato que tivera. Sempre respeitei muito o senhor Amadeu, que era chefe de um setor na Chiarelli. Já naquela época o QI (quem indica) tinha algum valor, o que nos dias de hoje também está em moda, ou seja, contratar para a empresa alguém referendado por um dos funcionários da mesma empresa.

Meu conhecimento de cerâmica era quase nada, apenas o de fazer tijolos, mas eu tinha um conhecimento suficiente para ser auxiliar de escritório e assim iniciei minha carreira que duraria vinte e quatro anos no Grupo Chiarelli.

Fui trabalhar no Setor de Planejamento e Controle de Produção com o chefe do setor, o senhor José Francisco Machado, com o senhor Miguel Wilson Martini (chefe-geral de Produção e Manutenção), com o senhor Hélio Miachon Bueno (chefe-geral de Laboratório, Pesquisa e Desenvolvimento) e com Maria Romélia Ferri (secretária), grande amiga já falecida.

Após três anos passei a ser chefe do setor de PCP, com o deslocamento do antigo chefe para outra chefia, e depois de mais dois anos acumulei o PCP com a Gerência de Recursos Humanos (acabava de me formar em Direito).

Passados mais três anos, já então trabalhando para a Chiarelli e Guainco, as duas empresas do Grupo, passei a superintendente industrial, em uma reorganização promovida pela empresa. Cabia-me agora a direção industrial, abrangendo os setores de Produção, Planejamento Industrial e Suprimentos de três fábricas inicialmente.

Éramos inicialmente três superintendentes, passando logo depois para cinco, abrangendo não só as áreas fabris, mas também as áreas administrativa, financeira e vendas. Durante seis anos, essa estrutura foi mantida e foi um período de grande crescimento, modernização e conceito no mercado cerâmico, tendo inclusive sido inaugurada a quarta fábrica do Grupo.

Então surgiram os netos e genros do fundador (terceira geração), todos ávidos por um cargo e por dinheiro, e começou a derrocada do grupo empresarial. De cinco superintendentes passamos para onze, para fazer o mesmo trabalho. O grande problema é que no meio havia muita incompetência de um lado (gerencial) e muita voracidade do outro (ganhar salários maiores). Tivemos ainda cinco anos de bons resultados, fruto de uma empresa estruturada, racional, eficiente e eficaz, mas que aos poucos foi sendo destruída e que chegou a um triste fim.

Foi repetida a história já ocorrida com tantas empresas de Mogi Guaçu, como as cerâmicas Mogi Guaçu, Martini, São José e outras.

A primeira geração constrói, a segunda usufrui e a terceira destrói. Triste fim, que ainda prossegue até os dias de hoje. Duas fábricas do Grupo foram vendidas e eu fui junto para trabalhar em uma empresa cujo patrão fazia coisas que até Deus duvida, como roubalheira das grandes. Deixei a empresa pela grande dificuldade ética de trabalhar nela e também pelo medo de ser preso, levado como membro de uma quadrilha. A empresa faliu depois de mais uns 10 anos da nova direção, mas creio que se tratou de uma falência fraudulenta, tirando antes, da empresa, todos os recursos investidos e muito mais.

Microempresário

Após deixar o Grupo Chiarelli, aventurei-me a ser microempresário e fiz a bobagem de entrar em uma sociedade de mais três sócios. Fui instigado por um deles, cunhado do então administrador da microempresa, dizendo-me que o negócio prometia ser muito bom, mas desconfiava de seu cunhado, que levava um estilo de vida muito acima do que os ganhos da empresa permitiam. Investi parte de meus recursos nessa empresa na qual permaneci por dez anos, ajudando-a a crescer exponencialmente, chegando a tirar meu sustento dela durante uns seis ou sete anos em que permaneci na sociedade.

A certa altura percebi que estava ocorrendo algo estranho na empresa. As perdas na produção ultrapassaram 15%, por motivos inexplicáveis, levando a empresa a não apresentar lucro. Uma perda razoável chega ao máximo a 3%, e nas empresas quando este número é atingido a cabeça do diretor é colocada a prêmio. Mas na nossa empresa, o diretor era um dos sócios e respondia sempre de mau humor. As desculpas eram muito estranhas. Percebi que havia alguma coisa errada. Como a metade da produção era vendida sem nota fiscal e a fábrica funcionava por vinte e quatro horas, o controle da real produção era impossível, especialmente porque o gerente de minha confiança tinha sido dispensado e em seu lugar fora contratado alguém em quem eu não confiava, mas que era amigo particular do sócio citado. Também começaram a haver na empresa algumas ideias de investir no nordeste brasileiro com dinheiro emprestado da Sudene, e já com o propósito de não pagar o empréstimo, pois era isso que ocorria naquela região, desde que houvesse o suborno de alguém responsável pelo empréstimo. Talvez hoje pudéssemos estar sendo alvos da Operação Lava Jato.

Outro fato que me desagradou muito foi a proposta da contratação de um técnico de outra empresa, que roubaria as fórmulas de um produto concorrente para mudarmos nossa oferta de produtos, passando a produzir aquilo que nosso concorrente produzia. Discordei veementemente dessas propostas e comprei uma briga com todos os sócios, a ponto de ter problemas sérios de saúde e, em uma separação litigiosa, ter vendido a minha parte. Como investimento foi um bom negócio, mas os dissabores não compensaram essa alternativa na minha vida. Aqueles mesmos que me convidaram para ser sócio, afirmando que na empresa estava acontecendo alguma coisa estranha, não se posicionaram do meu lado para ver o que ocorria, até porque o diretor era cunhado de outro sócio que estava deixando a empresa onde trabalhava e por certo pretendia meu lugar. Vendi minha parte na sociedade e me retirei dela.

O trabalho no Serviço Público

Por oito anos fui secretário municipal de Administração, responsável pelas áreas de Recursos Humanos, Licitações, Compras, Segurança, Arquivo Morto, Almoxarifado e alguns penduricalhos mais.

O trabalho não é difícil, o problema são as interferências, o descumprimento de ordens, a burocracia, a falta de competência e a falta de vontade. Acho que querer eficácia e eficiência no serviço público é querer o impossível, porque cada um só vê o seu direito, mas não a sua obrigação. Para quem vem da empresa privada, mesmo familiar, é uma virada de 180 graus.

Mesmo assim, considero que na primeira vez que fui secretário conseguimos implantar uma grande melhoria na gestão pública. Recebemos uma herança desastrosa do governo anterior. O salário mínimo da prefeitura não chegava ao salário mínimo nacional. O salário de um secretário equivalia a U$ 1.000 e o salário do menor servidor não chegava a U$ 100. A desmotivação era total. O recolhimento de INSS e FGTS encontrava-se atrasado, fornecedores não queriam fornecer para a prefeitura, os prédios públicos em estado lastimável, as ruas esburacadas, as estradas rurais péssimas, a saúde e a educação em estado muito ruim. O senhor prefeito e alguns secretários e diretores tinham vindo da iniciativa privada e a implantação de um modo empresarial de trabalhar trouxe muito bons resultados. Ao final de nossa gestão, tínhamos triplicado o salário dos servidores que ganhavam menos e dobrado o dos que ganhavam mais. O contentamento dos servidores era total e isso se refletiu no ânimo e na dedicação de todos. As finanças foram organizadas, os fornecedores voltaram a ter confiança e as melhorias puderam ser observadas em todos os setores. Creio ter sido um período exemplar de administração das coisas públicas, mas como não havia reeleição deixamos o poder para um ex-prefeito a quem tínhamos sucedido, construtor de casas populares, sendo esta sua marca eleitoral.

Já no segundo governo do qual participei, arrependo-me de ter estado nele. Por não ter participado do governo anterior, do mesmo prefeito que foi reeleito, não consegui me ambientar e ter a autoridade que tivera na primeira gestão.

Fatos muito desagradáveis ocorreram antes de eu voltar para o serviço público, fatos que me reservo o direito de não comentar e por isso mesmo foi um governo muito criticado. Sucedeu no final deste governo a grave crise mundial de 2008 e, nesta situação, pude contribuir e muito para que o último ano de governo fosse marcado por austeridade e competência. Espero não mais tornar à vida pública e minha contribuição foi dada no primeiro governo do qual participei e no último ano do segundo governo.

Não convivo bem com a politicagem, com a defesa de interesses particulares, com o jogo pesado de bastidores para atender conveniências, pois isso me traz muito descontentamento.

Aposentadoria

Aos 62 anos retirei-me do trabalho diário, após mais de 45 anos trabalhados, contado o período de trabalho na roça.

Hoje, além de escrever e ter alguns artigos publicados na imprensa local, dedico-me ao serviço voluntário, do qual participo já há mais de quinze anos, para auxiliar pais e familiares na luta contra a dependência química e o alcoolismo. Com minha esposa, faço também palestras em encontros de casais, de jovens, em escolas, etc., e cuido de minha neta sempre que necessário, faço açougue, supermercado, farmácia e sou o cozinheiro de casa. Essas são hoje minhas ocupações, além dos meus *hobbies* de leitura e música. Sinto que dou minha contribuição para a sociedade, para que o mundo seja melhor e sinto-me realizado como pessoa. Gostaria de passear mais, mas isso exige recursos financeiros que são escassos, especialmente nestes anos de penúria econômica do segundo governo de Dilma. Além dos sucessivos escândalos de corrupção nos órgãos públicos (Petrobras e Cia.), a demonstração de incompetência é gritante. Creio que nunca tivemos ou iremos ter um ministro da Fazenda tão incompetente como Guido Mantega e uma ex-presidente tão incapaz como Dilma. Juntando incompetência e corrupção, o resultado é sempre desastroso. Mas penso que o pior é a incompetência.

Meus professores

Dos meus tempos escolares, tenho que agradecer à Dona Lavínia. Nos idos 1954, foi minha primeira professora. Não era formada, mas teve a sabedoria de perceber que eu, com 7 anos, e minha irmã com mais de 8, já sabíamos ler, escrever e fazer contas. Como morávamos na roça, minha mãe, que tinha o segundo ano de grupo, nos ensinara. Passamos por um teste de avaliação e na segunda semana de escola fomos para a classe do segundo ano. Isso permitiu que antes dos 11 anos eu tivesse terminado o ensino primário.

Outra professora especial foi Dona Dorotéia, que muito contribuiu para minha formação. Filha de Mário Silveira, primeiro prefeito de minha terra, pessoa culta que se preocupava em dar educação de qualidade a seus filhos já nos idos 1950. Encontrei Dona Dorotéia recentemente em Pouso Alegre, com uma lucidez admirável. Lembrou-se até do nome de minha irmã Abigail, também sua aluna nos idos de 1956.

Contei no quarto ano primário com uma professora admirável, já viúva e aposentada, que para sustentar sua casa e seus quatro filhos havia voltado a dar aulas. Ela foi uma pessoa que me incentivou muito quando soube que eu queria estudar para ser padre, no Seminário Diocesano de Pouso Alegre. Dona Clélia Paula Biondi Ribeiro, mestra na plena acepção da palavra, é uma das pessoas a quem devo muito, pois não só me incentivou, mas levantou minha estima e me fez acreditar que eu poderia vencer na vida. Seu exemplo e dedicação merecem minha gratidão e respeito, além de minhas sinceras homenagens. Abriu-me o mundo para que pudesse ver além da minha enxada, do carro de boi, do trabalho na roça, de sol a sol, extremamente estafante e que nos permitia apenas sobreviver, pois aos seis anos eu já puxava enxada e era candeeiro de carro de boi para meu pai.

Acho verdadeiramente absurdo que hoje meninos de 14 anos nada possam fazer e que os maiores de 16 não possam trabalhar. Ficam nas ruas ou nos computadores (péssimas companhias) o dia todo. O Estatuto da Criança e do Adolescente precisa de mudanças para podermos salvar esta geração e formar pessoas de verdade.

Já no Seminário Menor, em Pouso Alegre, lembro-me de Dona Áurea Silveira, professora de geografia, que era meu martírio. Ela não conseguia ler o que eu escrevia nas provas. Ao me determinar que lesse o que estava escrito, por incrível que pareça, eu também não conseguia. Daí a reprimenda era tão dura que me levava até a chorar. Até hoje não consigo, por vezes, ler o que escrevo. Creio que possa ser um problema advindo da falta de fazer o primeiro ano de grupo, que era o momento certo para aprender a escrever com grafia bonita.

Outro mestre inesquecível foi Padre Júlio Perlatto, uma inteligência rara, que me encantava com suas aulas de história universal, apologética, grego e latim. Nessa época de Seminário Menor, tive a felicidade de ter como reitor o monsenhor Rigotti, um educador muito à frente do seu tempo, um verdadeiro pai para todos nós, mais de 120 colegas residentes.

Outro momento difícil foi com o professor José Benedito Azevedo, um militar, que tinha sido piloto da FEB na Segunda Guerra Mundial e que veio lecionar matemática para nossa classe, já no quarto ano ginasial. Nossas provas eram mensais e já na primeira todos da classe tivemos notas péssimas e ele concluiu, acertadamente, que faltava base de conhecimento para nós e em um semestre repassou conosco os fundamentos necessários. Sofremos bastante, mas esse professor nos foi de muita valia, pois nossa classe passou a ter um conhecimento razoável da matéria e fez alguns dos alunos, como eu, até a gostar dela. Sei que o conhecimento de matemática ajudou-me muito a ter um pensamento lógico, organizado, estruturado, que me serviu ao longo de toda a vida.

Do Seminário Maior, em Mariana, lembro-me do brilhantismo de padre Lauro Pallú, com quem estudei Filosofia (psicologia racional e outras). Os livros eram em latim, a compreensão muito difícil, mas sei que foram a base de minha formação humanista e de meu desenvolvimento intelectual. Trata-se de uma das inteligências mais brilhantes que conheci e hoje está no Caraça, em Minas Gerais, após ter estudado em Roma e depois dirigido o Colégio São Vicente de Paulo no Rio de Janeiro. É um fotógrafo brilhante e entende como poucos de lobo-guará. Sempre está em programas de TV expondo seus conhecimentos nessa área, com propriedade e sabedoria.

Da área do Direito, guardei lembranças muito agradáveis do professor doutor Álvaro Vilaça de Azevedo, que foi meu professor de Direito Civil nos anos 70, por três anos. Provido de uma inteligência brilhante, tinha memória ímpar e citava corretamente o Direito Romano e o Direito Alemão. Sei disso porque eu falava latim e ouvi muitas barbaridades ditas por outros mestres, mas Vilaça era preciso, falava com propriedade e nos encantava com seu saber. Depois de muitos anos veio a ser diretor nas Arcadas (USP-SP) no mesmo período em que uma de minhas filhas lá estudava.

Admiro aqueles que fazem do magistério uma missão. Não apenas a missão de levar o conhecimento, mas a missão de formar cidadãos, na inteireza que esta palavra contém. Esses nobres professores que citei merecem este título, com todas as honras. Agradeço-lhes imensamente, pois contribuíram em muito com a minha vida.

Amigos de escola e do seminário

Nos dias atuais, século XXI (ano 2017), os jovens afirmam ter 100, 200 e mesmo 500 amigos. Mas amigos de fato podem ser contados nos dedos de nossas mãos. Talvez eu não precise de todos os dedos para contá-los. A maioria dos que dizemos amigos são grandes companheiros, mas sem a cumplicidade e a união que compreende a amizade.

Um grande amigo meu é João Vianney Coutinho, meu conterrâneo, meu colega desde o início do seminário e hoje sacerdote, com quem compartilhava momentos de descontração, alegria e também de tristezas, que serviam para alavancar uma saída para o bem. Perto dele não era possível ficar triste por muito tempo. É de uma simplicidade contagiante, de uma humildade que me cativa e é uma pena que nos vejamos tão pouco.

Outro amigo especial é Antônio Carlos Lima, meu conterrâneo, também colega dos idos tempos do Seminário Maior, um homem de sucesso, que não esquece os amigos. Partilha o que leu de bons livros, continua contribuindo com seu trabalho para que o mundo de hoje seja melhor, ajudando amigos a encontrarem um rumo na vida, tem uma bagagem cultural bastante vasta e uma família maravilhosa, composta por esposa, quatro filhos, genros e já não sei quantos netos. Está casado há uns 45 anos com Janete, o que nos dias de hoje merece um troféu. Janete é uma pessoa muito dedicada à família e à profissão, de um coração muito generoso. Em sua casa sempre encontrávamos sobrinhos e primos que estavam lá morando para estudar, coisa admirável. Às vezes nos encontramos e é sempre muito bom trocar ideias, saber como andam nossos entes queridos e colocar as novidades em dia.

Da minha lista de amigos faz parte com destaque José Magali Ferreira Junqueira, grande músico (violinista) e também compositor e escritor, colega de seminário, a quem devo muito, pois certa vez salvou-me de um afogamento no Rio Sapucaí, quando eu tinha quinze anos e, mesmo não sabendo nadar, atrevi-me a atravessar o rio que estava muito cheio. Na ida consegui atravessar, pois a correnteza ajudou, mas, ao voltar, no meio do rio cansei e comecei a me afogar. Meus colegas estavam na margem oposta do rio e Magali viu que eu estava afogando, já desesperado. Saltou e me tirou das águas. Tenho para com ele dívida de gratidão.

Cito também uma pessoa especial: João de Deus. Não sei por onde anda, se é vivo e o que faz. Era tão simples, tão pobre, tão bicho do mato, como eu, que me servia de consolo, pois fazia não me sentir sozinho naquela condição. Quanta falta de estima por mim mesmo, como me sentia um dos últimos, e João de Deus por certo padecia deste mesmo mal. Espero que tenha tido sucesso na vida, pois João de Deus era certamente um filho amado de Deus. Teria muito prazer em encontrá-lo.

Doutor Josué de Abreu, juiz do Trabalho em Belo Horizonte, merece minha citação. Foi meu colega de seminário em Mariana. Depois de mais de 30 anos sem nos encontrarmos, estando em Belo Horizonte, telefonei para um número da lista da cidade, cujo nome parecia ser dele. E era. Ele veio imediatamente ao hotel onde estava, nos levou para jantar e nos fez ir, no outro dia, à sua casa, onde comemos um peixe especial que ele preparou. Amigo é isso e a gente não esquece.

Tenho vontade de me encontrar com Ronaldo Henriques da Silva, torcedor fanático do Atlético Mineiro, craque de bola, que aos 15 anos de idade, aproximadamente, formava comigo dupla de zaga no time do seminário. Nosso time era muito bom e sempre ganhávamos dos colegiais do Colégio São José, internato para ricos, que sempre nos gozavam, tratando-nos por padrecos. Morava no Calafate, em Belo Horizonte, e depois do Seminário Menor nunca mais o vi. Sou Cruzeirense e como o Cruzeiro nessa época ganhava tudo, meu amigo se calava. Hoje deve estar feliz com seu Atlético, que de vez em quando ganha uma, apesar de ter que ver novamente o Cruzeiro campeão em 2013 e também em 2014, em grande estilo.

Perdi um de meus amigos de seminário, Niltinho, de Pouso Alegre, uma pessoa simples, cuja família morava na Faisqueira, um bairro de Pouso Alegre. Quando nos encontrávamos, o papo fluía descontraído e agradável. Faleceu em um acidente. Que Deus o tenha.

Chico do Licinho era outro amigo seminarista que perdi ainda jovem. Foi um dos primeiros casos de meningite que vi acontecer com um amigo, que em sete dias sucumbiu à doença. Estava afastado do seminário, meditando sobre sua vocação, e como eu ainda era seminarista, tivemos bastante tempo de bater papo e trocar ideias. Frequentei muito sua casa, onde seu pai, Licinho (Ulisses, por certo), grande jogador de baralho, antigo boiadeiro daqueles que comprava boiadas em locais distantes e as levava de um lugar para o outro para vender, muito arruaceiro na sua juventude, mas que já na idade adulta tornara-se um homem bondoso e agradável, nos acolhia sempre com um sorriso enorme estampado no rosto.

Posso ter me esquecido de algum amigo, a quem peço desculpas pela falha de memória.

Tive muitos outros colegas, que não se tornaram amigos, até porque para ser amigo há necessidade de entendimento, cumplicidade, capacidade de perdão, etc. Lembro-me de alguns colegas que marcaram época. José de Paula era o único mais novo que eu em minha classe. João Celso era de uma inteligência rara, tirava quase só dez nas provas. Junqueira tinha uma postura de competição com João Celso que o levava a estudar, à noite, no forro do dormitório, onde adaptou uma lâmpada, para poder ter resultados quase iguais ao de seu concorrente. João Celso passou no vestibular de medicina, na UFMG, naqueles idos finais dos anos 60, sem fazer cursinho preparatório. Era de uma inteligência rara. Tião Avenaldo é um grande gozador e criador de bordões raros. João Carneiro Mendes (Carneirinho) e Nilton Ribeiro Landi (Meio Quilo) eram ases no futebol. Parece que atraíam a bola. Um fazendeiro de uma cidade onde jogamos contra o time local disse ao nosso bispo que os dois não deveriam ser padres, mas jogadores de futebol. Nossas vitórias, que foram muitas contra os times que enfrentamos, dependeram totalmente desses dois jogadores.

Os alunos da classe acima da minha pareciam ser selecionados, pois a média geral das notas da classe deles, composta por doze alunos, era superior a nove. Landi fazia parte dessa classe. Calú não levava nada a sério. Antes das temidas provas de física, química e matemática, ele, ao invés de estudar, ficava lendo gibi e quando saía a nota sempre tirava nove ou dez.

Lembro-me de outros tantos com quem convivi e que davam alegria na nossa convivência no Seminário Menor, quando ainda éramos jovens, internos de uma instituição bastante rigorosa.

Amigos de vida profissional

Como é bom ter amigos, independentemente dos interesses profissionais. Mesmo assim algumas pessoas com quem trabalhei trato como amigos ou companheiros muito estimados desta jornada pelo mundo.

Um amigo de fato que conheci na cerâmica foi José Carlos Dalera, pessoa de grandes sentimentos humanos, homem honesto, trabalhador, íntegro e sempre disponível para socorrer os amigos. Casou-se com Bernadete, já então amiga de minha esposa. Somos padrinhos de casamento um do outro e também seu filho Rafael é meu afilhado, assim como minha filha Mayra é sua afilhada. São amigos com os quais convivemos, às vezes passeamos juntos e já passamos por situações muito interessantes, como uma que ocorreu em um passeio em Caraguatatuba, que sempre relembramos e damos boas risadas, que estão escritas nos fatos pitorescos acontecidos em minha vida.

Na minha vida profissional, convivi com os mais diversos tipos de pessoas e tenho que agradecer a uma em especial: Hélio Miachon Bueno. Nos idos dos anos 70/80, procurou ensinar os seus ajudantes e formá-los para serem bons profissionais. Não fui seu subordinado nos vinte e dois anos que trabalhamos juntos em um grupo cerâmico local, onde fomos superintendentes. Ele nunca me disse, mas tenho certeza que na reestruturação administrativa da empresa, quando galguei a esse cargo, a mão de Hélio esteve presente.

Convivi com pessoas dedicadas como os senhores Antônio Carlos Nogueira, Augustinho Casemiro, José Felipe, Cássio Antônio Campos e com muitas que davam o seu suor para que a empresa prosperasse. Infelizmente, era uma empresa familiar e seguiu o mesmo procedimento de suas congêneres e teve o mesmo final, a falência. Eu já não me encontrava na empresa nesse momento tão triste, mas é com dor no coração que relembro estes fatos.

Ainda no trabalho em empresa privada, convivi com uma grande amiga, hoje já falecida, Maria Romélia Ferri, pessoa a quem estimei muito e sei que ela a mim também. Era afável, trabalhadora, amiga de fato. Hoje se afirma que é impossível um homem ser amigo de uma mulher, pois se pensa muito em sexo, existindo até amizades voltadas para o sexo, mas entre nós o que havia era a satisfação da conversa, o compartilhar da vida, sem erotismo. Sua integridade e sua dedicação aos irmãos e aos sobrinhos eram admiráveis.

Fui secretário de Administração em Mogi Guaçu nos anos 1993 a 1996, no governo de Hélio Miachon Bueno. Levamos nossa experiência empresarial e acredito que tenhamos trazido competência na gestão das coisas públicas. Quem pesquisar a história da cidade vai perceber nesse período a melhoria organizacional e a valorização dos servidores municipais, não suplantada até hoje. Os servidores municipais sabem disso e qualquer pessoa pode pesquisar para comprovar.

No poder público municipal, não encontrei grandes amigos. Há muito interesse pessoal, muita vaidade, muito querer se aproveitar, baixa dedicação e pouca competência. Ganhar o que ganha um secretário, para ter a responsabilidade que tem, e ter seus bens como garantia de suas atitudes leva a muitas coisas das quais não quero falar.

Entre as pessoas que admirei pela honestidade e retidão está o professor Geraldo, diácono da Igreja Católica, vice-prefeito, homem que tinha uma paciência enorme para ouvir todas as pessoas que a ele se dirigiam procurando uma orientação para seus problemas. Era capaz de ficar todo o tempo necessário ouvindo para só então dar uma palavra a quem o procurava.

Cito como pessoas de minha estima: doutor Edgar Sartori, que gostava de debater temas jurídicos e defendia suas ideias com paixão, e também doutor José Maurício da Conceição, homem inteligente, que enfrentava os desafios que eu lhe colocava. Cito também o professor Lúcio, que fazia parte da equipe que estruturou o Plano de Carreira do Magistério, pois representava os professores e era sensato, equilibrado e competente. Tanta gente criticou tal plano, que foi implantado há mais de seis anos e quase nenhuma mudança foi feita nele até hoje.

Tive o prazer de trabalhar com o doutor Joaquim Rua, pessoa de visão abrangente da área da Saúde e garra no exercício da profissão, e também com o doutor Abrão Nohra, profissional competente e dedicado. Tive colaboradores no poder público a quem prezo pela competência e dedicação como Montanheiro da SET (Sapinho), Francisco Assis Machado (Licitação), Wiliam Zacarioto (Informática), Osvaldinho (SSM), Tania e Lucimary (DRH), Humberto Cinquini de Suprimentos e outros mais.

Também posso citar pessoas com as quais não trabalhei diretamente, mas das quais observei a dedicação, o carinho e a competência com que prestaram serviço no poder público municipal, como Rita Antonialli, Rita Morelli (esposa do amigo Armando Morelli) e outras.

Conduzi o primeiro plano de carreira dos guardas municipais, bem mais antigo que o do magistério, e que até hoje sofreu pouquíssimas alterações.

A grande dificuldade de se trabalhar um plano de carreira é que os interessados pensam que todos podem atingir o grau máximo. É como se no exército todos chegassem a general. Não restariam soldados. Um pleno de carreira tem a forma de uma pirâmide, com maior número de pessoas na base e pequeno número no alto da pirâmide. No setor público todos entendem que devem estar no topo, sem que haja base. Não vêm o plano como uma carreira.

Ainda quando trabalhava na Cerâmica, conheci pessoas que me trataram com muito respeito e valor, as quais cito: Luciano Zappi (ex-

-Casti); Giusepi Magno (ex-Siti); Giusepi Boschila; Giovani Biffi (Casti e Universidade de Bolognha) e Giovana, sua esposa; Yolanda (ex--Coloróbia); Hans Peter Grainer (Degussa Alemã); Cid Vieira de Souza (Aga); Sérgio Moreira (Ferro Enamel) e outros com quem percorri alguns pedaços da vida de modo agradável e produtivo. Fizemos muitas negociações, às vezes de altos valores, e jamais me ofereceram alguma coisa em troca. Conheciam-me bem e souberam ter a devida ética em nossos negócios.

Foram muitos anos vividos para o trabalho e o coleguismo; o respeito e a amizade são extremamente importantes para nos sentirmos bem. Claro está que passamos por muitos dissabores, mas o que fica gravado em nosso coração foi o que de bom ocorreu.

✤

Amigos e colegas que encontrei pela vida

Dois amigos merecedores de meu carinho especial são Jésus e Nara. Jésus é meu amigo de infância, passeávamos juntos, tivemos namoradas amigas. Pouso Alegre era uma alegria para nós e ainda é. Ao se casar com Nara, nos trouxe essa amiga maravilhosa, mulher batalhadora e incansável. Frequentamos a casa deles e eles frequentam a nossa, e seus filhos são amigos de meus filhos. Encontrá-los é sempre um motivo de muita alegria.

Padre Henrique Knopert foi outro grande amigo que nos ajudou muito no relacionamento familiar, no momento de início da vida de casados. Foi ele que fez o nosso casamento, o primeiro casamento da Igreja de Santo Antônio, na Vila Paraíso. Frequentava nossa casa, onde gostava de falar sobre política, economia e também sobre a Igreja. Sempre se deliciava com uma dose de Whisky, dos bons, mas se limitava a uma dose com gelo, que tomava calmamente, enquanto conversávamos em longos bate-papos. Devo muito a ele, que Deus o tenha.

Dom Geraldo Verdier é outra pessoa especial. Conheci-o recém--chegado ao Brasil, quando esteve em Congonhal e ficamos uma semana em Senador José Bento fazendo missão. Dom Geraldo ainda lutava para falar português e eu que ainda sabia um pouco de francês o ajudava. Num momento de muita angústia, sofrimento e dor familiar, ele nos ajudou numa decisão fundamental. Deu-nos de presente um livro chamado *A volta do filho pródigo,* que tem um significado especial para nós.

E na minha querida terra tenho que me lembrar de colegas que estimei muito, tais como: Joaquim Nelson (a pessoa que conheci que mais sabia português), Licinho (o melhor jogador de baralho que conheci), Messias Borges (barbeiro que sabia tudo da cidade), Celso do Zé Bernardes (pessoa de um grande coração), Jorginho do Zé Souzinha, José Silveira (homem nascido muito pobre, que meus tios ajudaram e que após se tornar rico nunca os esqueceu), Joaquim da Luiza (homem simples e bom), Zé Marianinho, Vicente Venâncio, todos já juntos de Deus e outros que gostaria de encontrar mais, como Odiléia e Cidinha do Zé Jordino, Tonha do Orozimbo, Helena do Joaquim Salviano, Cocão do Zé Caixeta, Zezé Inácio, Pedro Inácio, Vanil do Zé Rita, Pilão e Joãozinho do Vitor, Ênio da Dona Lázara, Antonio do Carbone, Zizito (grande violonista), Zé Carlos, Aninha e Tiãozinho do Chiquinho, Valdir do Zé Ferraz (grande artista), Tiãozinho Assis, Maurão e sua esposa Alcione, e por certo outros dos quais me esqueci de citar e com quem pude conviver bons momentos de minha vida.

Lembro-me muito do senhor Zeca, farmacêutico, nosso “médico” de família, e também do doutor Miranda, doutor Gabriel e doutor Omar, de Pouso Alegre (todos falecidos), que quando a coisa ficava brava, como quando com um ano tive pneumonia, eles nos salvavam com poções que receitavam e que eram formuladas em casas do ramo. Remédios como hoje eram raros.

Gostaria de me encontrar com Zélia, de Virgínia, e Magali, de Cambuquira (por certo hoje senhoras casadas), com quem tive oportunidade de encontrar em seminários catequéticos no Colégio N. S. de Sion, em Campanha (MG). Mostravam serem pessoas especiais, íntegras, dedicadas ao próximo, coisa rara no mundo atual.

Já na idade adulta, como pai de família, encontrei verdadeiros anjos nas pessoas de padre Haroldo, Mara Menezes, Liane Castrillon, Magalhães e Adilson, este o meu primeiro coordenador de sala do Amor-Exigente, que nos deram o norte para conduzirmos a vida de nossa família. São pessoas maravilhosas, de um altruísmo sem par, de coração aberto e compreensivo e, especialmente, pessoas que trazem em si a sabedoria que vem do Espírito Santo de Deus, a quem sou grato por todo o sempre. Posso dizer que são pessoas que me fizeram viver quando encarava a vida apenas como um fardo a carregar.

Junto a essas pessoas também são especiais: frei Hans Stapel e o padre Márcio, pessoas que encontramos na Fazenda Esperança e que dedicam suas vidas para a recuperação de dependentes químicos e o fazem com amor, carinho e entrega total de suas vidas. São constelações que iluminam este mundo, tão carente de luz.

No Amor-Exigente, muitos coordenadores no Caco-Campinas, coordenadores de Mogi Mirim e coordenadores de Mogi Guaçu, enfim, todos os coordenadores do AE são pessoas especiais, que toda semana dedicam seu trabalho ao próximo, para aliviar a dor de familiares, desesperados diante da dependência química de um ente querido. Os coordenadores sempre têm uma palavra de ânimo, de esperança, de luz para muitos que estão nas trevas e que com essa ajuda encontram um novo sentido para suas vidas. Não cito nomes, tanto pelo anonimato que respeito como pelo medo de esquecer e ser injusto com alguém. O mesmo posso dizer dos coordenadores de GEV (Fazenda Esperança) que por vezes encontro.

Como católico praticante tenho muita consideração para com alguns padres que fizeram parte da minha vida ou da vida de minha família, pessoas que se preocuparam conosco e, com certeza, se lembram de nós em suas orações. Por certo me esquecerei de alguns e desde já peço desculpas por minha falha, mas cito aqueles com quem convivi bastante: padres Paulão, João Marcos, João Paulo, Everaldo (Tito), Denilso, Pedro, José Carlos, Anderson e Toninho.

As pessoas citadas tiveram significado especial em minha vida, das quais não me esqueço. O tempo não volta, mas foi muito bom tê-los como companheiros de jornada.

P.S. – No dia 02/10/16, faleceu Liane Castrillon, uma grande amiga. Foi uma pessoa iluminada, daquelas que quando nasce por certo Deus disse: "Fiat lux" e a luz se fez. Brilhou pela sua sabedoria, simplicidade e compreensão da vida e dos seres humanos. Para o Amor-Exigente foi uma perda irreparável. Mas Deus a quis para a sua glória e nós cristãos sabemos que somos todos de Deus e que nascemos com a semente da eternidade.

Nasci há quase 70 anos, na segunda parte da década de 1940 (1947). Para a geração de meus netos, nascidos nos anos 2000 em diante, parece mentira o que vou escrever neste texto, o que demonstra que o mundo no qual vivemos não é o mesmo desde então.

Penso que, pela rapidez com que as inovações tecnológicas surgem nesta década (2015 e anos seguintes), os meus netos contarão coisas para seus filhos (meus bisnetos) que eles também acharão impossível de terem acontecido.

Meus netos vão perguntar como era possível viver sem internet (tablets, celulares, etc.). Meus bisnetos com certeza perguntarão de coisas que hoje nem imaginamos. Mas vamos a dez situações que nos permitam imaginar como era o mundo de cinquenta, setenta ou cem anos passados.

1. Computadores

No dia 17 de dezembro de 2015, à zero hora, por uma decisão judicial, o WhatsApp foi retirado do ar por quarenta e oito horas. As reações foram as mais diversas, mas a que mais chamou a atenção foi a de uma pessoa que disse: "Como vamos viver sem WhatsApp durante dois dias, isso é impossível!".

A dependência dessa mídia digital e de tantas outras é tão grande que há pessoas que pensam ser impossível viver sem elas.

Tal mídia não existiu nos 2 mil anos da era cristã, nem nos milhões de anos anteriores e, no entanto, o mundo progrediu, as pessoas viveram, foram alegres, felizes, tristes, enfim, evoluíram.

Só por curiosidade, é interessante sabermos que o computador foi inventado no século XX, ou seja, por mais de 2 mil anos a humanidade viveu sem computador e mesmo assim prosperou e muito.

Em 1949, dois anos após meu nascimento, uma revista americana, *Popular Mechanics*, previu que o computador do futuro pesaria apenas uma tonelada e meia. Naquela época um computador pesava trinta toneladas e hoje pode chegar a pesar um quilo e meio ou menos.

2. Telefones

Houve um tempo no Brasil no qual precisávamos comprar um telefone (fixo), o que era extremamente difícil. Havia fila de espera. O telefone comprado precisava ser declarado no imposto de renda, porque era considerado um bem de valor comercial.

Temos em casa uma relíquia, um dos primeiros telefones da terra natal de minha esposa. Deve pesar quase dez quilos e precisa de uma manivela para ser acionado.

O primeiro celular que tivemos, além de pesar mais de um quilo, para ser recarregado tinha necessidade de um aparato que também pesava mais de um quilo. Foram apelidados de "tijolões".

Houve um tempo também em que não existiam celulares no mundo. Quando viajei para a Europa, em 1980, já tínhamos um telefone fixo em casa, o mesmo número de hoje, com os dois dígitos iniciais a mais, e para falar com minha esposa era uma dificuldade imensa. Eu usava orelhão porque o preço de usar um telefone do hotel era caríssimo. Nós falávamos a cada dois ou três dias no máximo.

A internet digital no Brasil começou em 1990, e as redes sociais só após o ano 2000 é que passaram a ser uma ferramenta de uso comum.

3. Televisores

Só vim a conhecer a televisão na segunda metade da década de 60, com mais de quinze anos. Não havia transmissão colorida, apenas preto e branco. Em algumas casas havia o costume de colocar um plástico multicolorido na frente do vidro da televisão de tal forma a dar um colorido nas imagens que eram vistas.

A primeira televisão da casa de meus pais era da marca Colorado, preto e branco, adquirida em um consórcio que durava trinta e seis meses e cujas parcelas eram rateadas entre os três irmãos homens mais velhos. O custo era muito alto para o pouco que ganhávamos.

Acho que é por isso que não dou importância a ter uma televisão com HD, com isso e mais aquilo, mas uma coisa é interessante: para ter uma super TV, as pessoas também parcelam suas compras em muitas vezes.

4. Geladeiras

Não sei em que ano foram inventadas, mas na nossa casa ela só passou a existir na década de 1970. Claro que sem geladeira a conservação dos alimentos é mais difícil e a água geladinha, para os dias de calor (como ocorrem em Mogi Guaçu), deixa de existir. A raça humana, ao longo da sua história, adaptou-se à inexistência desses bens. Lembro-me da conservação de carne, principalmente de porco, dentro da gordura talhada do próprio porco que era armazenada em uma lata de 20 litros. A gordura ia sendo utilizada no dia a dia e de vez em quando um pedaço de carne era retirado para ser usado como mistura nas refeições. Também era muito comum guardar carne e linguiça defumadas na forma mais empírica, tal seja, em um varal de bambu acima do fogão de lenha, de forma a serem atingidas pelo calor e pela fumaça.

5. Luz elétrica

Por muitos séculos o homem viveu sem luz elétrica, até que Thomas Alva Edison, com sua admirável descoberta, trouxe a luz para o mundo.

Por muitos anos vivi sem luz elétrica em minha casa, iluminada por luz de lamparina. Era um recipiente cheio de azeite do qual saía um pavio que era aceso para produzir chama e luz.

Muitas vezes estudei à luz de lamparina. O ruim era a fumaça que produzia.

6. Água encanada (chuveiro)

Só fui ter os benefícios da água encanada na pia, na torneira, no chuveiro, no banheiro, quando fui para o seminário. Em casa o banho era de bacia, o banheiro era uma fossa na terra, não havia pia e as louças eram lavadas na bica.

A bênção de tomar um banho quentinho, saído de um chuveiro, só conheci aos 11 anos de idade e sei que em muitos lugares da Terra há pessoas que vivem sem água encanada, sem esgoto, sem chuveiro. Por isso é que busco usar estas facilidades da minha vida com todo o cuidado e atenção.

7. Costumes

Nas igrejas as mulheres ficavam de um lado (à direita) e os homens do outro (à esquerda). As mulheres usavam véu na cabeça, sendo véu branco para as solteiras (virgens) e véu preto para as casadas. As mulheres só usavam saia comprida (abaixo do joelho). Usar calça cumprida, mesmo na rua, não era permitido para as mulheres. Nas cidades grandes, a partir da segunda metade da década de 1950, esses costumes foram perdendo o sentido, mas ainda hoje, em cidadezinhas do interior, é possível observar alguns resquícios deste passado.

8. Missas

As missas eram rezadas em latim e o padre ficava de costas para o povo. Os coroinhas (ajudantes dos sacerdotes nas missas) aprendiam a responder em latim às saudações que eram feitas. Apenas no horário da pregação o padre falava em português. As confissões eram feitas em local apropriado, o confessionário, com o padre vestido de batina e utilizando estola, símbolo do poder sacerdotal. Aliás, nessa época, os padres andavam sempre de batina e podiam ser reconhecidos ao longe com suas vestes negras. Os padres, junto com o juiz e o delegado, eram autoridades reconhecidas e extremamente respeitadas.

9. Viagens

Ir de uma cidade para outra era uma tarefa que exigia uma extensa preparação, mesmo para distâncias curtas. Pouquíssimas famílias tinham carro próprio. Pelos idos de 1950, na minha terra, Congonhal, um povoado com três mil pessoas, ninguém possuía carro próprio. A frequência de ônibus (então chamado de Jardineira) era muito pequena, no máximo duas vezes ao dia de ida e duas de retorno para Pouso Alegre, cidade da qual dependíamos muito. Por isso, quando havia necessidade de ir consultar o médico em Pouso Alegre, era utilizado o transporte por cavalos (ou éguas), animais essenciais em qualquer família ou propriedade. Uma viagem que hoje demanda pouco mais de uma hora, por vezes levava o dia todo. Para distâncias maiores, então a coisa complicava-se. No início dos anos 60, minha irmã Abigail estudava em Amparo (SP) e meu irmão Jairo em Mogi Mirim (SP). Meu pai, para visitá-los (pois passavam cinco meses internos no convento ou no seminário e só iam para casa nas férias), viajava por três dias, sendo um de ida, um para a visita e um de retorno).

10. Escolas

As escolas eram muito precárias. Por vezes os professores não eram formados (normalista era o nome dado à professora formada). Os recursos escolares eram mínimos, compondo-se de toscas cadeiras conjugadas com não menos toscas estantes e um quadro-negro em uma sala de pequenas dimensões (eram poucos os alunos). Não havia livro à disposição dos alunos. As matérias eram colocadas nos quadros-negros para serem copiadas, de modo a poderem estudar os conteúdos em suas casas. Assim era o primário. Não havia refeição nas escolas, nem mesmo um café era servido. Não havia transporte para chegar à escola. No meu caso e de minha irmã Abigail, para frequentar a escola, tínhamos de andar quase 5 quilômetros na ida e o mesmo tanto na volta para casa, isso com calor, frio, chuva, etc. Hoje, se o transporte passa a um quilômetro de casa, reclamamos das autoridades. Parece ser a lei do menor esforço e com o menor esforço o que criamos são pessoas fracas, incapazes de lutar por uma vida melhor. Como já disse o poeta: a vida é combate que tornam vencedores os que lutam.

É uma pena que ainda hoje existam escolas em condições precárias. As escolas deveriam ser lugares maravilhosos, que atraíssem as crianças e jovens, que nelas a busca do saber fosse algo agradável, que trouxesse felicidade. Ainda sonho com escola de tempo integral onde seja possível a convivência com o esporte, nas suas várias modalidades; com a cultura sob todos os aspectos: dança, música, pintura, teatro, canto, leitura, etc., para todos, de modo a permitir uma formação global e especialmente tirar as crianças das ruas.

Conflitos existenciais

Passei por muitos conflitos existenciais, não só porque fui jovem nos anos 60, mas porque conflitos fazem parte da natureza humana.

Talvez o primeiro deles tenha sido a noção de pecado e da existência de um Deus que tudo vê, mesmo no mais recôndito de nosso ser, um Deus onipotente, onisciente e onipresente, esta era a noção de Deus de minha infância. Na juventude esse conflito do pecado atormentava muito. Não pecar contra a castidade era muito difícil. O conceito de pecar trazia junto os meios pelos quais se pecava: pensamentos, atos e omissões, ideia constante do antigo "ato de contrição", pelo qual pedíamos perdão de nossos pecados. Confessava toda a semana, porque o pecado estava sempre à porta. Mas aprendi que a misericórdia de Deus é plena e que só pela sua graça é que nos salvaremos.

Depois disso surgiu o conflito vocacional. Havia mesmo em mim uma vocação para o sacerdócio? E se eu não ouvisse a voz de Deus, estaria contrariando sua vontade e fazendo algo distante daquilo que Deus planejou para mim? Só vim descobrir não ser tal a minha vocação quando estudava filosofia e percebi que eu poderia fazer a vontade de Deus de diversos modos e que me faltava uma condição essencial para o sacerdócio: a capacidade para obedecer. Até hoje obedecer para mim parece estar acima de minhas forças.

O conflito da escolha de profissão foi outro que me atingiu totalmente. Por mim gostaria de ser jornalista, correspondente internacional, o que admiro até hoje, mas nem sempre a vida e nossas condições financeiras nos permitem fazer aquilo que almejamos. Então procuramos aquilo que é possível e foi assim que fiz Ciências Jurídicas e Administração de Empresas.

Casar-me ou permanecer solteiro também foi uma escolha difícil. Cada situação traz vantagens e desvantagens, realizações e sacrifícios. Pensando hoje se eu me casaria se fosse solteiro eu não sei responder, apesar de ser feliz no meu casamento e ter uma família maravilhosa. Como sou muito caseiro, penso que gostaria de ter uma companheira e então o casamento seria uma consequência, por gostar de alguém perto de mim.

O namoro traz muitos conflitos existenciais, especialmente quanto aos seus limites. Se nos enamoramos de uma pessoa é porque estamos sentindo atração por ela, tesão mesmo. E isso ocorre geralmente numa fase de nossa existência quando os hormônios estão agindo em plenitude. Como fazer? Hoje vejo que a moçada convive bem com o sexo antes do casamento, sem nenhum drama de consciência, sem considerar isso como pecado; mas em nosso tempo os conceitos da sociedade e nossos eram bem diferentes e ficar sem relacionamento sexual exigia-nos um sacrifício enorme.

E não é porque casamos que deixamos de ser atraídos pelo sexo oposto. A fidelidade é um desafio e uma marca dos vencedores, pois é bem difícil viver na fidelidade do corpo e da alma, diante de tanta exposição que o sexo hoje apresenta, tanto nas mídias como nas ruas, parecendo até que não há como viver sem sexo. No mundo em que vivemos, o hedonismo impera absoluto. O prazer é buscado a qualquer custo e, dentro dessa concepção de vida, sexo e drogas entram como coisas que podem trazer a felicidade. Claro é que o sexo é prazeroso, mas traz consequências e por isso exige responsabilidade. Infelizmente nossos jovens, pouco mais que crianças, têm acesso diário pelas mídias ao que deveria ser reservado para quem tem a consciência formada e sabe utilizar o livre-arbítrio. E a mídia tem tratado o sexo como coisa e não como expressão de amor, afeto e ternura.

Trabalhar neste ou naquele serviço, sujeitar-me a esta ou àquela situação são coisas que sempre nos preocupam. Passei por situações de extrema angústia ao administrar empresa privada, mas a administração pública é tão cheia de vícios, de aproveitadores, de gananciosos, que foi para mim algo mais difícil ainda. Já no meu primeiro dia de trabalho como secretário, certa pessoa compareceu à minha sala e me pediu um favor, que na minha ótica faltava com a ética, e a conversa que ele disse foi: "Agora é a nossa vez", ao que lhe respondi: "A vez do quê"?. Devo ter atrapalhado muita negociação escusa com minhas atitudes, mas tenho a consciência tranquila de ter agido no cumprimento de meu dever.

Quantos filhos ter é uma dúvida existencial bem grande e difícil de ser resolvida. No caso meu e de minha esposa, a nossa história de vida facilitou essa tomada de decisão, pois em minha casa somos onze irmãos e na casa de minha esposa, cinco. O fato de minha esposa ter perdido dois irmãos, em dois acidentes diferentes, também nos levou a não querermos poucos filhos e assim escolhemos ter cinco filhos. Quando vejo hoje um casal novinho com três ou quatro filhos pequeninos isso me dá arrepios. Sempre rezo por eles, para que Deus conduza suas vidas e os auxilie nas dificuldades, que por certo serão muitas, especialmente quanto à educação dos entes queridos, tão custosa e tão fraca.

A compra ou principalmente a venda de um bem patrimonial também nos aflige muito. Comprar é sempre melhor que vender, mas também deixar ser tomado pelo ter não preenche o nosso sentido de existência. No meu caso, a venda da participação em uma empresa da qual era sócio foi muito traumática e me trouxe sérios problemas de saúde.

A dúvida da presença de Deus em nossas vidas nos momentos de grandes tribulações traz-nos uma luta existencial muito grande. Há momentos em que achamos que Deus nos esqueceu, até mesmo que Ele não existe, pois como permitiu isso ou aquilo. Até Cristo (Jesus abandonado) na cruz disse: "Pai, por que me abandonaste?". São momentos de grande tristeza, que enfrentamos sozinhos (será?), pois nesses momentos não estamos contando com Deus. Passei um tempo, ainda que pequeno, de minha vida brigado com Deus, mas espero, ainda que eu falte com Deus, que Ele não falte comigo, com sua infinita misericórdia.

Hoje, as dúvidas referem-se a como organizar para que o processo de herança não seja motivo de separações na família. Deixarei muito pouco de bens materiais e sei que a herança que procurei legar é a da educação e princípios éticos, mas sei também que bens materiais provocam divisões familiares muito profundas e rezo a Deus para que meus filhos saibam ser irmãos na acepção profunda desta palavra.

Moramos em uma casa bem grande, construída para nossos filhos. Hoje os filhos estão indo para longe de nós e a casa fica com um vazio imenso. O que fazer com ela? Sei que ela ainda é lugar de encontro, mas são raríssimos. Se vivêssemos em uma cidadezinha pacata, bucólica, teríamos melhor qualidade de vida, mas uma coisa preocupa: deixar Mogi Guaçu também implica em deixarmos aqui nossa assistência de saúde, no momento em que mais precisamos, pois na nossa idade só dá para ter um plano coletivo de saúde e o nosso é daqui.

Qual será a próxima dúvida existencial? Não sei. O certo é que enquanto tiver dúvidas existenciais é porque estou vivendo, e isso é bom.

A convivência com a pobreza

Passados já mais de 50 anos de minha adolescência, é muito difícil ter clareza suficiente para recordar as situações de pobreza pelas quais passávamos naquela época.

Já relatei que morei na roça até meus oito anos. Nossa casa não tinha luz elétrica, água encanada, geladeira, rádio, banheiro dentro de casa e coisas como tais. Essa situação perdurou até meus quase onze anos, quando fui estudar no seminário.

Estudar com luz de lamparina e ter que caminhar 5 quilômetros para ir e 5 para voltar da escola era uma situação bastante difícil. Se fôssemos mais abastados financeiramente, talvez pudéssemos fazer a caminhada a cavalo, ou mesmo de charrete, mas não tínhamos essa condição.

Até então também não tínhamos sapatos, nem mesmo as famosas alpercatas da época (um calçado bastante rudimentar). Andávamos mesmo era descalço, o que era muito perturbador, especialmente quando éramos susceptíveis às pedras, aos espinhos ou à geada. Meu irmão Jairo sofreu muito por ter de andar em situações de queda de geada, enquanto para mim o que doía mais era caminhar pisando em espinhos ou pedras. Simão, sempre mais cordato, não reclamava de quase nada.

Como eu era o filho homem mais velho da casa, não tive que usar roupas de um irmão mais velho, fato absolutamente comum naquela época. Cada irmão recebia roupa, sapato, livro, tudo o que fosse possível do irmão mais velho. Não havia recurso para dar tudo aos filhos, o que hoje é o padrão ditado pela sociedade. Com isso, filhos e netos e toda esta geração de hoje crescem num mundo voltado para o consumismo, sem preocupação com a partilha.

Nossa alimentação era muito precária. Não faltava arroz e feijão, mas a mistura era sempre muito simples e nem sempre nutritiva, o que prejudicou com certeza nossa formação e vigor corporal por toda nossa vida. Basicamente nossas misturas (acompanhamento do arroz e feijão) eram um ovo frito (quando tínhamos), ou um torresmo ou um pedaço de carne, quando se matava um capado (porco castrado), ou um frango ensopado (aos domingos), sendo essas as misturas especiais, pois o comum era termos como mistura batata, mandioca, laranja, banana, macarrão (sim, como mistura), batata-doce, beldroega, serralha, mostarda (eu detestava essa mistura: quase sempre acompanhada de angu, algo parecido com polenta), cabaça acompanhada de angu (desta eu gostava), chuchu, raramente uma abobrinha, ou tomate, ou couve. Sempre uma única mistura. Lembro-me de uma vez que, cansado de comer as mesmas misturas, fui a um monturo (depósito de lixo) procurar abobrinha ou tomate, que eram coisas que nasciam naqueles lugares, mas havia um bando de ciganos arranchados por perto que nada deixavam sobrar.

Outra dificuldade na pobreza eram as roupas, sempre inadequadas para suportarmos o frio. Tanto os cobertores como as roupas eram poucas e não próprias. Os cobertores eram feitos em casa com restos de cortes de roupas de algodão (pedaços) trançados. As calças eram curtas (até meus onze anos) e as camisas de mangas curtas. A família toda usava os mesmos tecidos. Era comum o chefe da família, no princípio meu avô e depois meu pai, ir à loja e comprar um fardo inteiro do mesmo tecido. Para os homens, as calças eram de cáqui ou brim e as camisas de morim ou algodão. Para as mulheres, eram comprados fardos de chita, fustão ou popelina. As pessoas abastadas tinham muitas outras opções, em especial os tecidos importados, como a seda, a casimira, o linho, o tropical inglês, etc. Cabia sempre à costureira da casa se virar para atender a cada um, conforme sua necessidade, o que era difícil, pois todos os homens estavam com roupas do mesmo tecido e também todas as mulheres.

Quando fui para o seminário de Pouso Alegre, passei muito frio. Penso que por ser uma cidade cortada pelos rios Mandu e Sapucaí, tinha a umidade do ar muito alta e por falta de agasalhos adequados eu chegava a tremer de frio, até mesmo batendo os dentes. Demorei a me acostumar com essa situação.

Os nossos meios de transporte eram primitivos. Não tínhamos cavalos suficientes para todos e então as caminhadas eram feitas a pé ou, quando se necessitava transportar alguma coisa, utilizava-se o carro de boi. Veículo automotivo era raridade e praticamente usado apenas quando se necessitava da visita do médico para atender um doente ou do padre quando ia a alguma capela celebrar missa, coisa raríssima.

A necessidade de um atendimento médico ou de remédios transtornava a vida, pois até a ida ao médico, a cavalo, era muito demorada, e os remédios eram composições, chamados de poções, donde talvez venha até hoje a história de que as bruxas formulavam poções. Para nós, poções eram os remédios compostos em farmácia.

Contava meu pai, com detalhes, que no caso de doenças graves, infecções intestinais graves, febres altas de fundo desconhecido, vômitos constantes, etc., era preciso buscar médico, o que era feito a cavalo. O médico morava em Pouso Alegre, distante aproximadamente 15 quilômetros, e as estradas eram de terra. Um familiar ia até o médico, às vezes à noite, contratava um táxi que ia até 2 ou 3 quilômetros da casa, onde alguém o esperava com outro cavalo. O médico seguia até a casa do paciente, realizava a consulta, voltava até o táxi e de lá retornava ao seu consultório onde receitava os remédios que quase sempre eram poções e por vezes injeções. O familiar voltava a cavalo até a farmácia, encomendava o remédio e só então ia para sua casa para aplicar a injeção ou ministrar a poção.

Tenho a impressão que se hoje nossos filhos, e principalmente nossos netos, tivessem que viver nas condições em que vivíamos, não conseguiriam, principalmente devido a estarem plugados em celulares, internet e às facilidades de entrega do que quiserem por *delivery,* bem como das coisas prontas nos supermercados, farmácias, etc. Como fariam as pessoas sem geladeira, sem luz elétrica, sem chuveiro, sem veículos? Sobreviveriam?

Descrevo esta realidade, com a qual convivi, para mostrar, como acredito, que o mundo caminha sempre para melhor, sempre para frente, sempre para o progresso e que, apesar de todas as dificuldades e problemas, o mundo de hoje nos traz avanços, em especial para a educação de nossos filhos. Eu gostaria de estar nascendo nestes tempos, porque o mundo que se aproxima e que será vivido por nossos netos e bisnetos será maravilhoso.

Fatos pitorescos

Sou uma pessoa que pouco guarda na memória fatos acontecidos em minha vida. Sou muito pessimista e tímido; se guardasse na memória todos os fatos difíceis, eu sofreria muito.

Lembro-me de alguns fatos pitorescos ocorridos na minha vida de família, seja no seminário, seja em viagens ou no trabalho, e faço o relato dos principais, por terem tornado a vida mais alegre.

1. Na Minha infância

Nas festas religiosas, era muito comum, quando eu era criança, serem realizados leilões de prendas e principalmente de animais vivos (galinhas, porcos e bezerros) para angariar recursos para as necessidades das igrejas. Era uma coisa divertida, até porque muitas vezes colocava frente a frente dois senhores de algum poder, disputando alguma prenda, em lances sucessivos que o pregoeiro instigava, com a intenção de obter melhor oferta. Uma vez em Senador José Bento, pacatíssima vila que pertencia a Congonhal e onde eu estava acompanhando padre Geraldo Verdier (depois bispo), em uma missão, interessei-me por um pudim, que eu queria arrematar para oferecer como sobremesa na casa que estava me dando acomodação durante aquela semana. Eu era seminarista e ficava hospedado em alguma casa da comunidade. Meus recursos eram poucos e não demorei muito a desistir da disputa. Ao chegar à casa do senhor que me hospedava para almoçar, eis que o pudim foi servido de sobremesa. Era o senhor Sérgio que disputava comigo. Ele, experiente que era, sabia que eu era a pessoa que estava disputando com ele, mas eu não sabia que era ele que estava do outro lado.

Também em um leilão, quando eu tinha uns seis anos, vi uma nota de 20 (comparável a 20 reais de hoje) grudada no sapatão, cheio de barro vermelho, de um senhor que participava do leilão. Aquilo para mim era uma fortuna e fiquei muito tempo perto dele até que ele levantasse o pé do chão, colocando o outro no chão para descansar, de modo que pudesse tirar aquele dinheiro. Lembro-me do fato, mas não sei que destino dei àquele dinheiro.

2. Nos tempos de Seminário

Aos 12 anos precisei passar por uma cirurgia de amígdalas, quando estudava no seminário. A cirurgia foi feita na Santa Casa de Pouso Alegre. Correu tudo bem, mas, por ter sido realizada numa terça-feira santa, meu repouso deveria ocorrer no próprio seminário. Enquanto todos os alunos participavam das cerimônias com muito barulho e agitação, cabia-me ficar quieto, em repouso. No seminário não havia rádio, muito menos televisão, isso lá pelos anos 60, e o repouso era muito chato. Resolvi por minha conta ir para minha terra, distante 15 quilômetros de Pouso Alegre, e na minha cabeça não haveria qualquer problema ficar uns dois ou três dias por lá. Só o que não fiz foi pedir licença para o reitor, nosso responsável maior. Quando ele percebeu minha ausência, mandou meu irmão Simão ir me buscar, pois estava certo do meu destino. Lembro-me de ter ficado poucas horas em Congonhal, mas nesse período tomei uma sopa de café com leite, pão e biscoitos misturados que até hoje me lembro de estar ótima e que ainda repito de vez em quando. Para meu desgosto, alguns colegas fizeram uma paródia com a melodia da música *Hava Naguilla*, sucesso da época na voz de Miriam Makiba, que cantaram no encontro cultural que tínhamos aos sábados na Sala de Estudos do seminário. A paródia dizia: "O Adauir fugiu, o Adauir fugiu, fugiu pra casa dele. O Simão, o Simão foi atrás dele, o Simão foi atrás dele, o Simão ...".

Outra vez, o fato ocorrido foi com o Japonês, apelido de um colega. Ensaiávamos alguma música na capela, utilizando um piano como instrumento guia. Ao final do ensaio, ele estava morrendo de dor de barriga e resolveu sair correndo da capela rumo ao banheiro. A porta tinha um cortinado que deixava o ambiente protegido de ruídos, e o Japonês foi com tudo para atravessá-la. Do outro lado, andando calmamente no corredor, lendo o breviário (livro de oração dos sacerdotes) estava monsenhor João Rigotti, o reitor, que levou uma cabeçada no peito e quase foi ao chão. Não deu outra: pegou-o pela camisa e colocou-o ajoelhado num canto do corredor, como castigo de seu ato. Só com seus rogos insistentes é que Japonês foi libertado do castigo e pôde seguir à procura do local adequado às suas necessidades.

Monsenhor Rigotti era um velhinho bondoso, que como reitor do seminário cuidava de nós, menores, com muito cuidado. Às 22 horas, as luzes eram apagadas no dormitório em que dormiam, aproximadamente, cinquenta estudantes, em quatro fileiras de camas. Por volta das 22h30, monsenhor Rigotti, silenciosamente, passava no corredor entre as camas, verificando se estava tudo certo. Alguns colegas, certo dia, resolveram aprontar uma para o monsenhor e colocaram uma corda amarrada fechando o corredor. Como o monsenhor caminhava no escuro, não percebeu a corda e levou um belo tombo. Não lembro se ele castigou alguém ou levou aquilo na brincadeira.

Nosso bedel Maurício, estudante do colegial, ou seja, o chefe dos seminaristas menores que estavam fazendo o ginasial, era muito guloso. Alguns colegas da mesa onde ele se sentava resolveram lhe fazer uma maldade pela sua gulodice. Colocaram um tanto de pimenta, daquelas bem venenosas, dentro de um pedaço razoável de goiabada e deram-lhe de presente. Todos ficaram esperando o momento especial, que não demorou a acontecer. O doce foi colocado todo inteiro na boca e, ao mastigá-lo, percebendo a armadilha, o guloso levantou-se furioso e deu três dias de gancho para todos os que estavam à mesa. O gancho consistia em ficar de um a três dias sem falar com outra pessoa, um castigo muito comum em nossa época. Hoje ele é padre e espero que tenha dominado sua gula.

O serviço à mesa (garçom) dos colegas era feito por algum de nós, como também para os superiores, os senhores padres. Estando a servir a sala de refeição dos dirigentes, presenciei uma conversa sobre cola nas provas. Alguns padres diziam sobre o número excessivo de colas e a dificuldade em tratar disso, a não ser pelo método punitivo de dar zero a quem estivesse colando. Achei muito interessante a colocação do reitor, monsenhor Gustavo, que disse: "Para mim, o aluno que não cola ou é muito inteligente e não precisa colar ou é muito burro e não sabe colar. Acho que o papel do professor é saber fazer uma prova que faça o aluno pensar, raciocinar, e não provas de decorebas em que colar é muito simples". Todos ficaram calados, vendo que o reitor dava uma aula de sabedoria, própria da sua idade e experiência.

Hoje gosto de cristais, tendo algumas peças que aprecio. Lembro-me, no entanto, de que na minha infância e juventude eu era encantado por aqueles copos furta-cores. Eu os via sempre expostos na vitrine da Casa Andare, em Pouso Alegre. Eu pensava: será que vou poder ter um jogo de copos desse algum dia em minha vida? Também me encantavam camisas expostas em vitrines de lojas com as últimas novidades. Uma vez comprei uma camisa "volta ao mundo", então na moda. Era uma coisa horrível para se usar, era plástico puro, que fazia a gente suar uma barbaridade, pois ela não absorvia a umidade. Coisa terrível! Era a moda.

Não tinha relatado este fato, mas minha neta mais nova perguntou-me se era verdade o que vou narrar e então resolvi também contá-lo. Não sou espírita e sou bastante cético quanto aos fenômenos paranormais, mas, certa vez, lá pelos meados dos anos sessenta, alguns colegas e eu ouvimos falar do copo que anda sobre uma mesa, respondendo perguntas dos que participam do jogo. Consiste em uma mesa, sobre a qual, em círculo, são colocados números de zero a nove, as letras do alfabeto, de um lado a palavra sim e do outro a palavra não. No centro da mesa, é colocado um copo voltado para baixo, e no fundo do copo os participantes, quatro ou cinco, colocam o dedo indicador. A "sessão", como chamávamos, começa com a frase: "O espírito quer se manifestar?". Geralmente o copo se move para a palavra sim. A seguir seguem-se perguntas como: "Para quem o espírito quer se manifestar?". E o copo se movimenta na mesa e geralmente escreve o nome de um dos que estão participando do jogo. A pergunta seguinte é: "O que o espírito quer dizer para essa pessoa?". E o copo movimenta-se, escrevendo algum recado. Certa feita ele escreveu que fulano deveria retirar-se. Esse fulano estava observando o jogo e dando relaxo, e o copo escreveu na realidade aquilo que era a vontade dos participantes, ou seja, que o fulano saísse. Outra vez, um professor que duvidou do resultado da andança do copo foi desafiado por nós a fazer uma prova com dez perguntas, colocar as perguntas num envelope e participar com o dedo sobre o copo, com a condição de consentir que o copo fosse para o sim quando perguntássemos se tal matéria cairia na prova. Ele aceitou o desafio e fizemos uma "sessão". Nós quatro que participamos do jogo tiramos dez na aprova, porque tudo o que perguntamos e que a resposta foi que cairia na prova nós acertamos. Não vejo o fato como uma questão paranormal, mas como influência de nossa capacidade física (ação do sistema nervoso central). Certo é que, após nossas "sessões", ficávamos muito esgotados, vez que a concentração exigida era muito grande. As "sessões" eram realizadas sempre à noite, com luz apagada e sala iluminada por velas, tudo isto deixando o ambiente ainda mais sugestivo.

Creio que este tenha sido o último texto que escrevi para este livro contando sobre as sessões. Hoje é dia 05/01/17, o dia da ida de minha filha Érika, meus três netos e genro para os EUA, onde vão residir. Saí para fazer despesas com minha neta mais nova e ela me instigou a contar este fato da minha vida.

3. Dos tempos de Cerâmica

Os fatos mais interessantes aconteceram em viagens à Itália e Espanha, mas também em outros países e lugares.

Certa vez, um amigo nosso estava em Nuremberg. Após um jantar, sentiu imensa dor de barriga, mas seu hotel estava longe e não dava tempo de chegar lá. Ele não teve dúvidas, achou um lugar onde diversos carros estavam estacionados e resolveu que lá mesmo faria o serviço. Mas, enquanto ainda estava a fazer suas necessidades, eis que o proprietário de um dos carros se aproximava com sua acompanhante e nosso amigo puxou suas roupas correndo. Como estava com um casaco longo, para se proteger do frio, o casaco ficou todo sujo (e fedido, com certeza). Nosso amigo pediu então a um colega que fosse à frente até o saguão do hotel para checar se o terreno estava limpo para ele entrar. O colega chegou ao hotel e contou o fato para alguns, chamando-os para a recepção. Voltou e disse ao nosso amigo que estava tudo certo. Ao entrar no hotel, foi recebido com muitas palmas e gargalhadas, mas sendo ele uma pessoa muito espirituosa, conta essa história dando muitas risadas.

As dificuldades de comunicação em outra língua provocam sempre muitos fatos pitorescos, seja pela confusão e troca de palavras, seja porque nos utilizamos de palavras de nossa língua com entonação de outra língua. Isso aconteceu com um colega que, ao chegar a Maranelo, foi à loja especializada em venda de artigos da Ferrari, e lá dirigiu-se à vendedora: "Quanto custa questo macacone?". A atendente, fazendo gesto de macaco, respondeu que lá não era zoológico. Nosso amigo queria saber o preço de um macacão, mas poderia ter pedido o preço de "questa vestimenta," que seria certamente atendido.

Também na Itália, um amigo, no café da manhã, pediu ao garçom um "ciocolatto gelatto" e foi atendido com um sorvete de chocolate. O que ele queria era um "ciocolatto fredo", ou seja, uma bebida fria.

Comigo aconteceu na Espanha de ter pedido a um garçom um purê de batata e um ovo frito, que ele se negou a servi-lo juntos. Tive que comer puro purê, separado do ovo.

Um diretor de cerâmica alugou um carro para se locomover na Itália. Estando em Firenze, lugar onde as vagas na rua são quase impossíveis, resolveu procurar um estacionamento e perguntou a alguém: "Dove incontro un formaggio (queijo)"?, ao invés de "parquejo" (estacionamento). A resposta foi que poderia encontrá-lo em um supermercado, um restaurante ou uma padaria.

Certo colega tinha dificuldade em fazer pedidos em restaurantes, até o dia que descobriu o "fiiletto di manzo ai ferri" e daí em diante todos os dias só pedia esse prato. Deixou, com certeza, de apreciar a maravilhosa cozinha italiana.

Estávamos eu e dois companheiros de fábrica no Hotel Executive, em Fiorano, Itália, onde marquei um encontro com um o diretor de certa empresa, pois estávamos interessados em modificar o sistema de fabricação de estampos para a produção de revestimentos cerâmicos na nossa empresa. Combinei com meus companheiros que iria tomar café com o citado diretor às 8 horas para tratar com ele dos negócios que pretendíamos e uma possível visita a sua fábrica. Assim o fiz e percebi, ao pagar a conta, que um café da manhã custava 25 dólares por pessoa (100 reais), ou seja, preço muito caro para os nossos padrões. Comentei com meus amigos e disse-lhes que próximo do hotel havia uma lanchonete onde poderiam tomar café por 10 dólares e que às 9 horas nos encontraríamos no saguão do hotel. Mais tarde fiquei sabendo que os dois resolveram tomar apenas um cafezinho no próprio hotel, achando que um cafezinho custaria pouco. Foi o cafezinho mais caro que já vi, pois na fatura mostrava o custo de 25 dólares cada um.

Em uma viagem à Espanha, éramos onze pessoas das nossas empresas, sendo que poucos se conheciam. Meu papel era organizar o dia a dia de cada um na viagem. Viajei antes do grupo para desfrutar um pouco de Madri com minha esposa. No dia combinado, eu os receberia em Madri para irmos para Valência, onde se realizava uma feira de produtos cerâmicos. O avião que deveria levá-los de São Paulo para Madri sofreu uma pane e meu horário de embarque para Valência (o mesmo que deveria ser o deles) se esgotou e tive de embarcar sem tê-los encontrado. Um detalhe é interessante: não tínhamos reservado hotel em Valência. Ao desembarcar em Valência, passei a procurá--los. Não havia celular a época e a busca era aleatória. Ao telefonar para a companhia aérea em Madri, fiquei sabendo que o voo deles tivera problema, mas que, por sorte, nesse momento eles estavam no balcão da companhia, que eu ainda estava procurando um hotel para pernoitarem. Ocorre que a feira em Valência, um dos objetivos da viagem, se encerraria no dia seguinte. Perguntei ao atendente da companhia aérea qual era o horário do último trem expresso de Madri para Valência e, por sorte, havia um que sairia da estação dentro de pouco mais de uma hora. Falei com um dos meus colegas que estava no balcão tentando resolver a situação, pois era o único com experiência em viagens internacionais, e ele me disse que todos estavam muito cansados, com mais de 24 horas de viagem, mas lhe respondi que fossem imediatamente para a estação central de Madri e tomassem o expresso que os levaria a Valência e, após 3 horas e pouco de viagem, eu os esperaria na estação central de Valência. Sei que ficaram "putos", mas sem isso perderiam a visita à feira, que era um dos objetivos da viagem.

Depois disso fui procurar hospedagem para todos. Em um balcão da empresa que promovia a feira, a recepcionista me disse que ela era a única pessoa que poderia me arrumar acomodação, pois em razão do evento não havia lugar nos hotéis. Eu sabia da dificuldade, pois desde Madri estava tentando acomodação. Havia telefonado para mais de vinte hotéis e não tinha encontrado lugar para nos hospedar. Quando eu respondi para ela que precisava de acomodação não apenas para mim e esposa, mas para onze pessoas, ela me respondeu ser impossível. Após muito procurar, encontrou um *apart-hotel* que tinha a possibilidade de acomodar cinco pessoas e que, no dia seguinte, teríamos outro com mais cinco lugares e que daria um jeito de arrumar duas camas avulsas e um sofá para nos atender a um custo de 20 dólares por pessoa. Fechei o negócio pelos dois dias, período em que estaríamos nessa cidade. À meia-noite daquele dia, fui à estação central receber meus companheiros e dar-lhes a notícia de que nossa pousada era improvisada. Ajeitamo-nos como foi possível, sendo que dois companheiros dormiram na cozinha e uma moça no quarto em que eu estava com minha esposa. Afinal deu tudo certo.

Certa vez em Paris, eu e mais três colegas fomos ao bairro boêmio de Pigalle e, depois de andarmos um pouco, resolvemos comer uma *pizza*. Sobre a mesa havia uma garrafa, que julgamos ser de azeite, e despejamos à vontade em nossa pizza. Só que não era azeite, mas uma pimenta, fortíssima, e nem com vinho conseguimos comer a *pizza*.

Na cerâmica havia um transportador de produto entre a Chiarelli e a Guainco, empresa que esmaltava as cerâmicas pelo processo chamado de biqueima. Os controles das quantidades transportadas eram feitas em papéis, com cópias que se destinavam uma para a portaria de onde saía o material, a Chiarelli; outra para a portaria aonde o material chegava, a Guainco; outra para o Contas a Pagar e outra para o transportador. O senhor que fazia o transporte era um pouco louco e andava sempre armado (foi morto inclusive pela polícia em um de seus ataques de loucura). O responsável pelo Contas a Pagar também era um pouco louco. Quando iam acertar as contas, o transportador, com sua pasta cheia de papéis, comprovantes do transporte, ia ao setor de Contas a Pagar, colocava seus papéis sobre a mesa e ao lado deles o seu revólver, ao mesmo tempo em que o responsável pelo Contas a Pagar tirava seu revólver da gaveta e o colocava do outro lado da mesa, e daí acertavam as contas em paz. Acho que seguiam o lema latino: "Se vis pacem, para bellum" (Se queres a paz, prepara-te para a guerra).

No escritório da Cerâmica Chiarelli, três funcionários um pouco malucos estavam desgostosos com alguma coisa e resolveram dar um susto nos colegas. Durante o horário de almoço, montaram uma brincadeira que simulava a explosão de dinamite. Arrumaram uma peça de serpentina, na qual amararam uns fios que pareciam um cordão no qual colocariam fogo e faria explodir a dinamite. Deixaram tudo preparado e, quando os outros estavam retornando para suas salas, começaram a falar bem alto: "Hoje nós vamos explodir isto aqui", "Hoje esta casa vai pegar fogo" "Salve-se quem puder". O espanto tomou conta e, quando colocaram fogo no cordão, o medo se instalou e cada um saiu correndo por onde conseguiu. Havia uma porta de acesso, daquelas que são constituídas de duas partes que se abrem e fecham para um lado e para outro. O diretor, ao escutar aquela barulheira, resolveu ver o que estava acontecendo e foi derrubado por uma das folhas da porta que as pessoas correndo fizeram abrir. Naquela época o castigo para a indisciplina era a suspensão, e os três malucos foram suspensos por uma semana do seu trabalho. Um deles era o mesmo citado antes, o das Contas a Pagar.

4. Com minha esposa

Éramos muito ingênuos quando nos casamos e nossas famílias eram tão simples que não sabiam como nos ajudar. Resolvemos nos casar em uma terça-feira, às 19h30, certos de que, pelo dia e horário, poucas pessoas compareceriam. Sem qualquer entendimento do assunto, resolvemos servir aos convidados bolo com champanhe (espumante de cidra), imaginando ser uma coisa chique. Casamos durante uma missa que demorou mais de uma hora e, em seguida, no salão ao lado da igreja, nos casamos no civil. Já eram 21h30 quando o bolo e a bebida foram servidos. Minha esposa tinha sonhado que o bolo não fora suficiente e então mandou aumentar o bolo. O local era um barracão coberto de telhas de zinco e as colunas feitas com madeira de eucalipto, as mesas de tábuas muito simples e o chão bastante desnivelado. Mas tudo era festa. Só que compareceram muito mais pessoas que imaginávamos. Lá pelas 23 horas, deixamos a festa, pois tínhamos que pegar o ônibus para ir para São Paulo, de onde iríamos para Ilha Bela passar nossa lua de mel. Só depois é que ficamos sabendo que algumas pessoas passaram mal (por causa do estômago vazio). Uma prima de minha esposa passou bem mal e sua mãe, ao chegar à casa de minha sogra, não deixou por menos e disse: "Tamém, nois hoje só armocemo".

Chegamos carregando malas ao Hotel Ilha Bela, o mais chique da ilha, onde só havia gringos hospedados e nós dois pobretões no meio deles. Já ao chegarmos, a recepcionista disse-nos que nossa reserva seria para o outro dia. Depois de muita conversa sobre o que faríamos e mostrando o papel de nossa reserva, a proprietária do hotel disse que nos colocaria naquele dia no apartamento de sua filha e no dia seguinte mudaríamos para o nosso. Éramos tão simplórios que não entendemos o sistema de fechamento da porta do quarto, pois não havia como colocar a chave pelo lado interno da porta. Como passar uma lua de mel sem trancar a porta? Com nossa sabedoria, empurramos a cama de casal até encostá-la na porta. Assim estaríamos protegidos.

Ainda em Ilha Bela, utilizávamos em nossa viagem uma máquina Kodak 155X, emprestada por um amigo, pois não tínhamos uma à época. Ao pedirmos a um senhor de idade para tirar uma foto nossa dentro da água, ele não se negou e com a máquina foi se afastando para ter melhor ângulo. Eis que atinge uma pedra e cai na água com a máquina, que não serviu para mais nada. Além do negativo perdido, ficamos sem máquina para registro de nossas andanças por Ilha Bela, Caraguatatuba e Ubatuba. Mas, apesar de tudo, inclusive de uma queimadura enorme de sol em minhas costas, valeu a pena. Foi nosso início juntos, que agora já somam 43 anos.

Interessante também é o fato de que no primeiro dia no hotel, no jantar, o primeiro prato que nos foi servido foi sopa de cebola (eu detesto cebola). Mas, depois de trinta anos, em Peulla, no Chile, quando celebrávamos 30 anos de casados, data para nós tão importante, o primeiro prato no jantar no hotel em que nos hospedamos foi sopa de cebola. Desta vez tentei tomar algumas colheradas da sopa, mas continuei não gostando.

Certa noite voltávamos de uma reunião do Amor-Exigente em Limeira e já tínhamos passado pela entrada da Faculdade Adventista de Engenheiro Coelho, quando em uma subida, nosso carro, uma Parati, passou sobre um buraco na pista e tivemos dois pneus furados ao mesmo tempo. Era uma época em que os celulares funcionavam muito mal e tive que caminhar por quase um quilômetro para falar com meu irmão Simão, que residia em Mogi Mirim e que também tinha uma Parati, para me socorrer, emprestando-me o estepe de seu carro. Depois de quase uma hora, chegou meu irmão, que tinha primeiro passado em algumas borracharias para ver se encontrava algum borracheiro que pudesse nos ajudar, mas não encontrou. Pusemo-nos a trocar um dos pneus que estava furado para colocar o estepe do carro do meu irmão; mas, ao colocá-lo, verificamos que o pneu estava completamente vazio. O jeito foi ir com meu irmão até uma borracharia da estrada e reparar o pneu furado para podermos continuar até nossa casa. Naquela época era possível ficar, à noite, parado na beira da estrada esperando socorro. Hoje a situação, por um lado, seria muito complicada em virtude dos assaltos que acontecem nessas situações; mas, por outro lado, os celulares funcionam bem e as rodovias contam com os serviços das concessionárias que socorrem os motoristas nessas situações.

5. Dos tempos de faculdades

Lembro-me de um colega que era louco por filmes. Mesmo quando o filme era repetido (no antigo Cine Pedrini em Mogi Guaçu), ele deixava de ir à faculdade para assistir o que estivesse passando, especialmente os de bangue-bangues tão comuns naquela época. Era muito comum, quase na hora do ônibus que ia para a faculdade, ele aparecer na esquina e vir em passos lentos para o ponto. Assim que o ônibus surgia na esquina, ele nos dizia: "Acho que não vou hoje à faculdade. O filme de ontem era muito bom e eu vou assisti-lo de novo". E voltava em direção ao cinema, pelo mesmo caminho que viera.

Certa vez fazíamos uma prova de Direito Comercial e resolvi ajudar esse mesmo colega passando-lhe duas respostas curtas. A prova constituía-se de três questões. Eis que meu colega tirou o "h" da palavra hoje. Eu lhe disse que hoje se escrevia com h, mas ele me respondeu: "Mas é para ficar diferente".

Outro colega copiava tudo "ipsis litteris" o que a gente escrevia. Se o exemplo fosse: Pedro matou Paulo, ele não era capaz de trocar para Vicente matou Antônio. Hoje está no mercado advogando, mediocremente, talvez copiando textos de outras defesas, ou quem sabe tenha aprendido o seu próprio jeito de colocar suas ideias.

Certo professor tinha o costume de ficar olhando para a vidraça durante as provas. Certa vez ele disse: "Você que está aí colando entregue sua prova", ao que se levantaram dois colegas ao mesmo tempo e entregaram suas provas. Não sabemos se ele viu os dois colando ou usou um truque que, no caso, deu certo.

Outro professor tinha hábito de dar uma prova de dez questões, com quatro alternativas para cada questão, sendo todas perguntas iguais, com respostas iguais e na mesma ordem. Era uma colação geral e de notas altíssimas para a classe toda. Em uma prova final, ele manteve as dez questões e também as quatro alternativas, mas mudou a ordem delas e também a das respostas. Lá pelas tantas, alguém me disse: "Não é possível! Alguma coisa não está certa, pois as respostas não podem ser essas". Descobrimos então as diferenças das provas. Muitos alunos pediram uma segunda folha para fazer a prova, com o que o professor concordou, mas um dos colegas resolveu que não iria trocar sua folha de questões e só ele tirou dois ou três, puramente por preguiça. Aprendemos que a preguiça pode nos levar à mediocridade.

Tínhamos um professor de Direito Comercial que usava óculos tão grossos, chamados por nós de fundo de garrafa, que para poder enxergar tinha quase que fechar os olhos. Isso nos permitia certas aventuras em suas provas. Certa vez, com pena de um amigo que estava com notas muito baixas (aquele mesmo que gostava de filmes), resolvi passar-lhe resposta de duas questões, que eram muito simples e o ajudariam a tirar um seis ou um sete. Quando fui lhe entregar a cola, tal professor me disse: "Entregue a sua prova". Imaginei tirar zero, mas me atribuiu nota quatro. Até hoje não sei por quê. Quando ele apanhou minha prova, eu lhe disse: "Vou fechar minhas notas sem precisar desta prova". Eu já tinha uma nota dez com ele e tirei outras duas notas dez, o que me fez concluir o ano com trinta e quatro pontos, sendo que me bastavam vinte e oito para não ir para a prova oral. Eu gostava muito daquela matéria e sempre ia bem, apesar de ele ser um professor feroz que deixava quase toda a classe para exame oral e até mesmo alguns em dependência para o ano seguinte.

Monsenhor José era professor de Cultura Religiosa, quando cursava a faculdade de Direito. Ele fazia uma apostila na qual os alunos estudavam, mas eu não, pois continha coisas superficiais de cultura religiosa. Eu era até bem relapso nessa matéria e, como eu divergia da apostila, acabei não tirando média sete nas provas, por isso tive que fazer exame oral. Meus colegas copiavam as respostas da apostila e quase todos passaram. Assim, lá fui eu para o exame oral, respondendo todas as perguntas com facilidade. Depois de umas cinco respostas, monsenhor José quis saber por que eu estava fazendo exame oral, já que tinha bom conhecimento de cultura religiosa. Eu então lhe expliquei que tinha sido seminarista por dez anos e que continuava católico praticante. Ele me perguntou: "Então você conhece a Bíblia e eu lhe mostrei que tinha razoável conhecimento do livro sagrado". Demos boas risadas com o acontecido.

6. Nas viagens em família

Certa vez estávamos vivendo uma crise financeira complicada, mas, como em todos os anos, queríamos ir passar uns dias na praia com as crianças.

Uma amiga que sempre viajava conosco disse que talvez conseguisse uma casa em Caraguatatuba e de fato conseguiu, de um parente seu, "na faixa".

Seguimos nós rumo ao litoral e lá chegando vimos que a casa era de meia água, havendo uma fresta na parte superior, entre a parede e o telhado, o que permitia a entrada de pernilongos.

Um de meus filhos tinha alergia a picadas de insetos e um filho de nossa amiga tinha alergia a inseticida.

Um dos filhos de nossa amiga teve uma dor de barriga e precisou ir ao banheiro. Ao dar a descarga, percebeu que não havia água na casa. Os vizinhos nos informaram que a água só chegava à noite e por poucas horas e que as pessoas tomavam banho no rio, muito perto da casa. Fomos ver o rio e de fato havia pessoas tomando banho nele e até fazendo suas necessidades na água. Não dava para utilizarmos tal meio.

Para piorar, quando levantei um colchão, havia um ninho muito grande de baratas. Uma delas subiu por meu corpo e na altura da barriga dei uma tapa que a esmigalhou. Por conta disso, apanhei um cobreiro que demorou mais de um mês para ser curado.

Olhei para minha esposa e ela entendeu meu olhar. Imediatamente disse aos meus amigos que eu ia dar um pulo na cidade. Como eu conhecia o dono de uma imobiliária, que tinha morado em Mogi Guaçu, fui procurá-lo e disse da minha necessidade por algo aconchegante e barato, que pudesse alojar onze pessoas. Ele me levou a uma casa de fundos, de uma senhora chamada Dona Maria, que alugava sua casa durante o período de veraneio. Era algo adequado e dentro de nossas possibilidades.

Acredite você meu leitor, que este foi um dos melhores locais que ficamos alojados em nossas diversas idas para a praia.

Nossas colaboradoras

Seria impossível para mim e para minha esposa realizarmos o que fizemos em nossas vidas se não contássemos com colaboradoras maravilhosas, que quase sempre tivemos. Algumas ficaram longo tempo conosco; outras, um tempo menor mas significativo e outras por muito pouco tempo. Destas últimas não falarei, mas mesmo assim agradeço pela ajuda indispensável.

Algumas pessoas da nossa família nos ajudaram muito, especialmente quando morávamos no Jardim Nossa Senhora das Graças, em Mogi Guaçu, e nossas filhas eram bem pequenas.

Entre todas as pessoas que colaboraram conosco, temos muito carinho e consideração pela Elizete, irmã de minha esposa; Eliana e Néia, suas primas; Sidnéia, minha cunhada, e também pelas minhas primas Ana Maria e Zélia. Foram pessoas extremamente dedicadas, atenciosas, trabalhadoras e por isso somos muito gratos pelo auxílio que deram na criação de nossos filhos.

Dona Maria foi quem mais ajudou a criar nossos filhos, quando ainda eram pequenos. Ficou conosco por sete anos. Era uma pessoa maravilhosa, de um coração imenso. Passava por muitas dificuldades com seu marido, mas não deixava que isso afetasse seu trabalho.

Dona Benedita é uma pessoa especial que nos ajudou durante sete anos também. Fazia um assado de asas de frango imperdível. Nossos filhos já eram maiores quando nos ajudou, já morávamos na Vila Paraíso e o serviço de casa era grande, pois minha esposa trabalhava.

Rosalina ainda era muito nova quando veio nos ajudar. É de uma família simples, que desde cedo aprende a trabalhar para ajudar na renda familiar. Ajudou-nos muito e por isso somos gratos.

Célia nos ajudou por bastante tempo, quando nossos filhos já estavam crescidos e até alguns estudando fora. Nesta época já morávamos no Planalto Verde, em uma casa grande que, por certo, dava bastante trabalho.

Rita também colaborou conosco por mais de dois anos. Minha esposa gostava muito do jeito que Rita trabalhava, porque não precisava de explicações sobre o que fazer. Ao se aposentar e sua primeira filha se casar, ela resolveu deixar o serviço para dar mais atenção a si mesma.

Hoje nossa colaboradora é Cláudia, uma pessoa de bom coração e sempre disposta a resolver problemas para os quais não temos aptidão, tais como consertar uma máquina, etc.

Sem nossas ajudantes, não teríamos condições de viver do modo que vivemos, podendo estudar, trabalhar, passear e aproveitar um pouco a vida. Nossa gratidão às nossas colaboradoras citadas e também àquelas que permaneceram pouco tempo conosco, mas que foram também muito importantes para nós e nossos filhos.

Este capítulo de meu livro tem o sentido da gratidão e do reconhecimento a quem fez parte de nossa vida, muitas vezes vendo-nos alegres, tristes e mesmo bravos, sem saber o que estava acontecendo e sabendo manter o distanciamento necessário.

Parte **2**

MEUS AMORES

Trata da minha relação com as pessoas mais próximas: família (esposa, filhos e netos) e familiares (irmãos, tios, sobrinhos, etc.), e demais pessoas que dão sentido à minha vida.

O ENCONTRO DA MINHA AMADA

Cheguei a Mogi Guaçu num dia de sol causticante, 29 de fevereiro de 1968. Vim para cá por acaso, para acompanhar meu pai, preocupado que eu estava com o sustento de minha família.

Mudara-me para cá, preocupado com meu pai que, com onze filhos e sendo trabalhador braçal, passaria por muitas dificuldades para sustentar nossa família. Minha irmã mais velha era freira e, portanto, éramos doze bocas para comer em casa. Eu sou o mais velho dos filhos homens e, já tendo cursado filosofia, era o que tinha melhor situação de empregabilidade.

Considerava meu pai, com 47 anos, um velho e, apesar do meu sonho de ser jornalista e cursar letras clássicas na USP-SP, resolvi vir com ele e nossa família para Mogi Guaçu.

A casa que alugamos na época, na Vila Paraíso, não tinha água encanada, nem chuveiro. No bairro todos tinham cisterna. A cidade contava com 20 mil habitantes, mas fervilhava de gente pelas ruas, devido às cerâmica, à Refinações de Milho Brasil e à Champion celulose. Em 15 dias arrumei emprego em um escritório, mas ao final do mês não recebi pagamento e abandonei o serviço. Depois de mais 15 dias estava empregado no Banco Alfomares. Meu pai foi cortar eucalipto, apanhar algodão, entre outras coisas, e passava vergonha, pois nunca fizera isso e produzia menos que outros. O que ele sabia era tirar duas tarefas em um mesmo dia, carpindo, serviço que executava com grande produtividade. O saudoso prefeito Nico Lanzi o chamou para a prefeitura para fazer valetas para a instalação de canos de água e esgoto na cidade, e quem conheceu meu pai diz que poucos trabalhavam como ele. Apesar de ser um homem pequeno, tinha uma força descomunal nos braços.

Eu não estava muito interessado em arrumar uma namorada, pois tinha acabado de deixar uma e estava decepcionado com ela. Eu ficava na varanda da nossa casa (alugada) lendo algum livro e nessa situação não notei uma garota que passava na rua. Um pedreiro que fazia algum serviço em casa me disse: “Você não vai olhar aquela moça que passa três, quatro vezes por dia nessa rua?”. Interessei-me e passei a olhá-la. Era maravilhosa aos meus olhos, uma rainha. Andava garbosa, aprumada, era esbelta, tinha um par de pernas muito atraentes. Fui procurá-la e verifiquei ter encontrado uma pedra rara não lapidada, um diamante. Era o oposto de mim: só estudara até o ginasial, não praticava religião alguma, falava muita besteira e palavras erradas, gostava de ser livre, de dançar, de namorar sem o mínimo compromisso, faltava a alguns encontros sem dar satisfação. Brigamos muitas vezes, pois só depois de muito tempo vim saber que seu pai era alcoólatra e que seus atrasos tinham a ver com isso. Namorar era no ônibus circular, que ia da Vila Paraíso à Capela e voltava. Não tínhamos dinheiro nem para sorvete. O banco da praça nos servia de local para namorar. Concorrentes apareceram, tanto para mim como para ela, mas eu tinha feito minha escolha de preparar aquela garota para mim e ela encantou-se por ter encontrado uma pessoa diferente (é o que diz). O namoro era público, apenas com beijos, abraços e amassos, coisas leves, sem sexo, bem diferente dos namoros de hoje. Difícil mantermo-nos assim, mas era dessa forma.

Minha namorada começou a estudar, a frequentar a igreja e a mudar alguns comportamentos, apesar de continuar fechada sobre si mesma, como é até hoje. Foram tempos muito difíceis. O dinheiro era para sustentar nossas casas. Por um bom tempo minha namorada trabalhou na escolha de papel da Champion e estudar era o máximo do sacrifício. Na semana do horário das 6 h às 14 h, dormia quatro horas por noite para estudar à noite e, na semana das 14 h às 22 h, perdia as aulas. Com muito custo venceu, apesar de prejudicada. Perdeu um ano por causa de um diretor, advogado, que disse aos alunos que quem já tinha média não precisava frequentar aulas. Todos esses alunos perderam o ano por faltas. Só passaram os que não tinham a nota exigida como média e por isso mesmo precisaram ter frequência. Hoje isso daria um belo processo por perdas, sobre esse advogado, o que seria muito justo.

Após o magistério, minha esposa cursou Pedagogia, fez especialização e pós-graduação na área e há mais de 30 anos exerce o Magistério com extrema dedicação e competência.

Na sua vida profissional ocorreram momentos muito difíceis, como no início da década de 1990, quando o salário dos professores tornou-se menor do que o salário das domésticas. Em 1993 o prefeito eleito corrigiu isso. E também em 1997, quando o prefeito de então, por perseguição política, anulou um concurso realizado em 1996, que minha esposa fizera na esperança de continuar trabalhando, pois estava se aposentando e no caso do Magistério é possível acumular cargo, emprego ou função com novo concurso púbico, a situação econômica ficou crítica pela falta de trabalho por três anos da minha esposa.

O vice-prefeito disse às professoras que elas tinham razão, mas que procurassem a Justiça, pois não podia fazer nada. Este homem não merece o meu respeito pela sua desonestidade e fraqueza; bem como o Chefe de RH de então, que entendia do assunto, mas que é arrogante e fraco. Vinte e uma professoras entraram na Justiça e ganharam definitivamente a ação em 2000, mas o prefeito fechou os olhos, mantendo a perseguição política. Em 2001 o novo prefeito cumpriu a sentença, fazendo justiça e reconhecendo o direito das professoras, atribuindo-lhes as competentes classes.

Desconheço alguém que tenha tanta alegria em lecionar para crianças. Ela tem uma enorme capacidade, é extremamente criativa e sabe encantar as crianças com suas histórias como ninguém. É uma lutadora, uma brava guerreira, alguém que olho com admiração e que me faz feliz. É minha mulher, amante, confidente, companheira, uma parte de mim.

Minha esposa continua dando aulas até os dias de hoje, apaixonada pelo que faz, e o fazendo com muito brilho, competência e dedicação.

"O essencial é invisível aos olhos, só se vê bem com o coração" e "Tu te tornas responsável por aquilo que cativas" dizia Exupéry. O meu coração enxergou nela uma flor, eu vi a essência que ela continha, ela me cativou e eu passei a ser responsável por ela.

Em 12/10/16 minha esposa sofreu um acidente muito grave que a afastou da sala de aula, talvez definitivamente.

Meus filhos, meu maior fruto, meu maior tesouro

Todas as vezes que penso sobre o que de melhor construí na vida, concluo com plena consciência que foi contribuir com a obra de Deus (finalidade maior de nossa vida na terra) criando meus filhos. Dizer que eles são lindos, inteligentes e criativos é coisa de pai coruja, mas para mim é muito pouco. Dizer que são a razão de minha existência talvez seja um engano, porque a razão de nossa existência somos nós mesmos como obras perfeitas de Deus. Mas que são especiais, isso sim, cada um a seu modo, com seus defeitos e suas qualidades (estas muito maiores).

Como disse o poeta Vinícius Moraes: "Filhos? Melhor não tê-los. Mas se não os temos como sabê-los?".

Quem tem filhos traz para si as responsabilidades da paternidade e os problemas dela resultantes. Filhos por vezes pensam que somos heróis e perfeitos, que somos bancos, que somos seus empregados, que somos inesgotáveis em nossas capacidades, que estamos caducos, mas isso não é verdade. Somos pais, com nossos defeitos todos, mas com nosso imenso amor e desejo de que nossos filhos se realizem na vida e sejam felizes. Para isso não medimos esforços.

Os especialistas, não é o que penso, calculam o quanto gastamos para formar um filho e chegam a valores astronômicos, a milhões. Por esse conceito, portanto, sou milionário. Isso é bom, porque me mostra ser um vencedor por ter conseguido formar meus cinco filhos. Penso que sou um vencedor e milionário mesmo, mas para mim por muitos outros motivos, especialmente por ter conseguido plantar sementes boas, sementes selecionadas, sementes especiais no coração de meus filhos. Entendo a formação de filhos como algo muito grande e muito complexo, pois implica na formação não apenas escolar, mas na formação para a cidadania, para valores morais e éticos, na formação para a vida, na formação do caráter. Pelo caráter de meus filhos sou imensamente feliz.

Thais, minha primeira filha, formou-se nas Arcadas (USP-SP) e ensina-me os novos rumos do Direito, não só a mim como a seus alunos de faculdade. Faz da ética um de seus princípios basilares, o que muito me alegra. Quer a perfeição no seu trabalho e por vezes é mais exigente consigo mesma que com outros. Está sempre lutando por aquilo que acredita. É casada com Edevaldo. Deram-nos uma neta maravilhosa, a Valentina, a coisa mais linda do mundo. As pessoas que a conhecem ficam encantadas com sua delicadeza e com o modo com que trata as pessoas.

Érika, minha segunda filha, é uma guerreira. Ficou grávida no seu primeiro ano de faculdade – Odontologia (USP-SP), em período integral. Com 20 dias após o nascimento, meu neto já ia para a faculdade junto com a mãe e a babá. Érika é uma profissional muito competente, tem mãos certas para a profissão que escolheu. É uma pessoa generosa, preocupada com todos a sua volta. Casada com Marcel, é uma mãezona e me deu três netos maravilhosos: Gabriel, Lucca e Pedro, todos loiros e de olhos azuis, lindos, inteligentes e respeitosos com as pessoas.

P.S. – Hoje estão distantes, morando nos EUA, por força de trabalho, deixando-nos muita saudade. Criamos filhos para o mundo e eles se vão para realizar seus sonhos, mas a saudade fica no coração da gente.

Mayra é a criatividade em pessoa. Vê o mundo em cores, em movimento, em luzes, captando o belo, o diferente. É publicitária, formada na ESPM, já publicou três livros e está preparando outro. Herdou de mim o querer transformar os outros naquilo que pensamos ser o melhor e luta a ferro e fogo por isso. Deve sofrer um pouco por comprar brigas desnecessárias. Deu-me uma neta maravilhosa, a Maria Beatriz, que já segue os passos da mãe nas artes e na criatividade e é muito "antenada" com tudo o que acontece no mundo.

Leandro parece-se mais com a mãe. Tem um dom imenso para a música, área na qual é graduado. Em muito pouco tempo é capaz de pegar um instrumento que não conhece e aprender a tocá-lo. Canta muito bem e gosta de conversar sobre músicas e, principalmente, de ensinar música. Sei que seus alunos gostam muito dele, pois sabe ensinar e conhece o que faz. Creio que tem o dom de sua mãe, o dom de educador. Até hoje ouvi poucas composições de sua autoria, mas espero que também se desenvolva nesse caminho, pois com sua capacidade irá criar belas coisas.

Leonardo, meu filho mais novo, é o mais parecido comigo. Turrão, lutador incansável, que enquanto não alcança o que quer não sossega. É biólogo, uma área que jamais pensei que fosse de seu gosto, e se realiza nisso, pois fala com encanto de suas pesquisas em Microbiologia. Já teve artigos publicados em revista científica e terminou o mestrado, tendo recebido muitos elogios da banca de examinadores. Hoje faz doutorado na sua área e por isso, entre outras coisas, já realizou uma viagem de pesquisa à Antártica.

Meus filhos, os cinco, dão sentido à minha vida. Sei que sou severo demais, intransigente ao extremo. Não sei brincar e levo tudo muito a sério. Sou autoritário em muitas ocasiões e tenho consciência de que não é fácil viver comigo. Às vezes sinto que meu pessimismo perturba a vida de meus entes queridos, mas o que me faz contente é vê-los crescendo e felizes.

O interessante é que os filhos herdam as qualidades e os defeitos dos pais, mas temos o costume de enxergar os defeitos e de esquecer as qualidades. Se parecem muito comigo, na cabeça dura e na intransigência, mas sei que são parecidos com a mãe em muitas coisas boas. São muito melhores que eu, mais participantes da vida de seus filhos, mais antenados com o que acontece no mundo, mais otimistas diante da vida. Espero que sejam felizes.

Peço-lhes perdão pelas vezes que fui estúpido, grosseiro, não percebi suas dificuldades, não fui capaz de entusiasmá-los pela vida, mostrar-lhes como a vida é bela e por muitas vezes ter-lhes transmitido o meu pessimismo.

Entretanto espero que tenham certezas do meu amor incondicional por eles. Derramo-me em lágrimas por suas conquistas. São lágrimas de amor e de alegria. Sempre sofro com suas dificuldades, mas elas são para serem vencidas e fazê-los vitoriosos na vida.

Às vezes pensamos que os filhos são nossos, mas eles são de Deus e criados para a vida, para realizarem seus sonhos e não os nossos.

Diz a Bíblia, em certa passagem, que felizes serão aqueles que virem os filhos de seus filhos. Eu já estou tendo essa felicidade. Podem ter certeza os meus leitores, que netos são a melhor coisa do mundo. Se você ainda não tem um, posso lhes garantir que é tudo de bom, pura alegria, pura bênção.

Meus familiares

Na minha existência, há muitas pessoas que me ajudaram e vou tentar citar as que mais me influenciaram; aquelas pessoas as quais aprendi a amar, respeitar, admirar e ter como modelo. Por certo me esquecerei de muitas, a quem peço perdão pelas falhas de minha memória já desgastada pelo tempo e pelos meus limites, ou seja, por não perceber em pessoas com quem convivi o quanto eram especiais.

Começo por meus familiares, especialmente por meus tios paternos. Vicente era um homem calmo, de poucas letras, mas sábio e tinha uma bela visão do mundo, considerando onde e como vivia. Quando falava, trazia-nos experiência e sabedoria. Joaquim sabia ouvir. Nunca o vi levantar a voz, mas era quem dirigia sua família, composta por quatro irmãos solteiros e um sobrinho, era um homem de paz. João era muito surdo e falava enrolado, mas sempre queria contar notícias, pois vivia lendo jornais e revistas católicas. Demonstrava ser uma pessoa feliz. Benedito era meu padrinho, o mais novo dos irmãos. Tinha uma boiada muito bonita e eu montava em um dos bois. Recentemente recebi um livro de poesias de sua neta, o que me alegrou muito e que por certo deixaria Benedito muito orgulhoso. Messias era também irmão deles. Casado com Maria, eram meus padrinhos de batismo e me tratavam como filho, pois eles não tinham filhos. Sempre foram pobres, mas plenos de Deus, serenos, da paz, do bem. Messias foi juiz de paz em Congonhal durante muitos anos. Juízes de paz eram responsáveis pelos casamentos no passado um pouco distante, sem receber por esse encargo, que era considerado um trabalho comunitário exercido por pessoas que mereciam o respeito da comunidade.

Dos tios maternos, destaco em especial tio Olavo. Foi o único homem que conheci que fazia sozinho uma cerca de arame farpado. Fazia o buraco, colocava o moirão, esticava o arame, fixava o prego no moirão e seguia em frente. Era muito habilidoso. Quando se mudou para a cidade, abriu uma microempresa de fazer enxadas, foices, bicos de arado, ferraduras de cavalo, cavadeiras e todo esse tipo de equipamento para a roça. Tinha uma forja e pouco mais que isso. Usava mesmo era a força de suas mãos para dar forma às ferramentas. Formou enormes calos em suas mãos de tanto bater a marreta nas ferragens. Seus filhos seguiram sua profissão, hoje de modo absolutamente moderno. O mais importante de tio Olavo era sua fé, que chegou até a deixá-lo um pouco fanático em certa época. Mas sua verdadeira obra foi a construção do Asilo dos Velhos de Congonhal, uma obra grande, bela e bem cuidada pela comunidade. Sem seu trabalho, essa obra não existiria e os pobres da minha terra ficariam sem amparo na velhice. Hoje a maior festa de minha cidade é destinada a arrecadar fundos para o sustento do asilo, contando com a participação de toda a comunidade nessa empreitada.

Meu tio José era um homem de poucas palavras, sempre em tom baixo e muito trabalhador. Era um homem pequeno, de um coração enorme e muito boa pessoa. Teve muitos filhos e foi levado da vida muito cedo, vítima de um crime bárbaro, o que trouxe uma dificuldade enorme para minha tia para criar os filhos. Tia Odete foi uma guerreira.

Tia Suzana era uma tia especial. Sempre frágil e muito doente, mas sua casa era um lugar doce, calmo, agradável, mesmo sendo muito simples. Era delicioso passar alguns dias lá, nas férias. Cinco coisas me fazem lembrar muito de sua casa: o colchão de palha extremamente fofo que ela preparava para dormirmos, a lima-da-pérsia, o araçá, a mandioquinha-salsa e a pescaria de traíras. Eram coisas especiais daquele lugar. Além, é claro, das histórias contadas pelo tio José Neném, seu marido, o maior contador de histórias que conheci. Era capaz de passar duas ou três horas contando histórias, uma seguida da outra, todas sempre interessantes. Pena que na época não tenha me lembrado de gravá-las, pois muito nos encantavam e dariam um livro bem interessante.

Tia Cecília era nossa costureira. Tinha que fazer milagres, pois naqueles tempos o comum era o chefe da família, no caso meu avô, comprar tecidos iguais para as roupas de todos da casa. Cáqui, brim, morim e algodão para a roupa dos homens e chita, fustão e popelina para a roupa das mulheres. Cabia à tia Cecília dar um jeito para que as roupas não ficassem todas iguais. O costume era tão arraigado que certa vez comprei uma quantidade de tecidos para fazer camisas para mim. Como não entendia direito a quantidade de pano, as duas cores que comprei davam para três camisas cada. Tia Cecília é que teve de dar um jeito para que não ficasse parecendo que eu tinha apenas duas camisas, pois eram três de cada cor, mas a criatividade dela me salvou.

Outra tia materna admirável foi tia Marília, a primeira dos irmãos que passou dos 70 anos. Todos os seus irmãos morreram mais novos, cada um superando em idade o que falecera. De uma bondade sem igual, não escutamos de sua boca qualquer reclamação mesmo quando passava por dificuldades. Deixava tudo para se sentar com a gente e conversar quando lá íamos. Fazia uns bolinhos de polvilho, de trigo e de farinha de milho como ninguém, alguns especiais como o bolinho "pachola", do qual falarei à frente neste livro. Cuidava com um zelo especial de seu irmão Josué, solteiro, homem simples, mas de alma muito grande. Tia Marília não era capaz de falar mal de quem quer que fosse. Todos nós que a conhecemos admiramos muito sua bondade, sua ternura, sua simplicidade e seu modo de encarar a vida, sempre com fé e esperança. Seu encontro com Deus se deu de modo admirável, reunida junto a seus filhos e rezando a Ave Maria, depois de pedir a todos eles que cuidassem de seu pai e de Josué. Foi tornar mais bonito o céu que tanto mereceu, deixando uma imensa saudade.

Tenho poucas recordações da tia Ester, que sei que deu muito trabalho para meu avô educá-la. Já era rebelde no seu tempo. Tia Angelina foi outra com quem convivi muito pouco.

Todos os tios ajudaram-me muito. Como estudei para padre, numa época de uma pobreza familiar muito grande, a solidariedade era marca na família e, mesmo aqueles que passavam dificuldades, procuravam me ajudar, como as tias Rosa e Benedita, irmãs de meu pai; eram tias especiais e que, mesmo sendo muito pobres, chegaram a vender ovos ou galinhas para me ajudar. Sou eternamente grato e em minhas orações jamais me esqueço delas. Tia Rosa era a única pessoa que me chamava de Dedeco e não sei o motivo desse apelido.

Minha família era composta por 11 irmãos. Perdemos um dos mais novos, de infarto violento. Elvécio poderia ainda estar conosco se tivesse recebido melhores cuidados médicos. Nas últimas 24 horas de vida, consultou-se com dois médicos, reclamando de fortes dores no peito. Faz-nos muita falta e traz-nos muita saudade, pois era sempre um animador do ambiente onde estava. Era extremamente dedicado ao serviço. Tinha vocação para vendedor e se entregava mais do que devia ao trabalho. Dizia que se atendesse uma pessoa querendo comprar alguma coisa, ele não perdia a venda, pois sabia atender às necessidades do interessado. Estava muito estressado pelo trabalho, pelas dificuldades financeiras e pela separação de sua esposa, com quem teve quatro filhos. Não teve forças para resistir.

Perdemos também Simão Pedro, vitimado por um acidente vascular cerebral (AVC). Tinha 65 anos, uma idade muito nova para partir para a eternidade. Mas, enquanto para os homens, com nosso pensamento finito, 65 anos é muito pouco tempo, diante da eternidade e para Deus tanto faz um minuto ou mil anos. Simão era uma pessoa do bem, sempre equilibrado, sempre solícito para todos. Foi um homem pacífico, pronto para nos ouvir e nos dar uma resposta, um homem digno que tornou este mundo melhor. Simão tinha esposa, três filhos, um genro, uma nora e uma neta e nós seus irmãos, que tanto o amávamos.

Creio que Deus tem levado o que nossa família tem de melhor, Elvécio e Simão. Mas sabemos que tudo é de Deus e a nossa fé nos leva ao conforto espiritual, apesar da dor e da saudade.

Tenho mais oito irmãos (Abigail, Jairo, Carlos, Raquel, Marcius, Celma, Dauro e Sérgio) e agradeço a cada um deles por conseguirmos ser uma família do bem, na qual todos se preocupam uns com os outros, tendo como nossos pais a marca da disposição para a luta e a busca dos valores humanos, em especial da honestidade. Sinto muita falta de Carlos e Rosa (cunhada), que moram distante. Carlos é o irmão do meio, o elo entre todos os familiares. Era muito gostoso, aos sábados, nos reunirmos em mais de trinta pessoas, entre irmãos, cunhados, filhos e, às vezes, suas namoradas, em uma pizzaria da cidade. Era um transtorno para a pizzaria e uma festa para nós. Nossos encontros nas nossas chácaras, para jogar buraco, fazer churrasco, comer frango caipira, ver as crianças nadar e mesmo para fazer pamonha eram deliciosos. Depois que Carlos e Rosa mudaram-se, esses encontros passaram a ser raros. Até nos propiciaram um ensaio de volta para Mogi Guaçu, mas o calor tórrido desta terra fez com que retornassem para as terras mais frescas de Ipuiúna. Parece que eles estão repensando a ideia de voltar para perto de nós novamente.

Não posso deixar de escrever uma palavra sobre duas primas que cuidam de seu irmão Zezé, que sofreu um acidente gravíssimo ao atravessar a pista de bicicleta e ser atingido por um carro. Perdeu todos os movimentos do corpo e a fala. A reabilitação que conseguem trazer para seu irmão é milagrosa e só pode acontecer com quem tem um amor total. Ele não tem mãe e perdeu o pai muito cedo, vítima de assassinato. Minhas primas merecem meu respeito e admiração pela fé, esperança e amor que demonstram, apesar da enorme dificuldade.

Gosto muito de minhas cunhadas, que admiro e respeito muito, em especial pela tolerância de viverem com os Silva, gente de cabeça dura e difícil de lidar. Um obrigado enorme para vocês.

Já tenho muitos sobrinhos, cada um especial, a seu modo, todos eles pessoas de um grande coração, a quem amo de verdade. Dos sobrinhos-netos, então, digo que são as coisas mais lindas do mundo. É uma pena estarmos distantes e convivermos tão pouco.

Tive várias tias maternas e também tias tortas (casadas com meus tios), com quem quase não convivi, que deixaram muitos primos e primas, alguns que nem conheço, mas que gostaria de conhecer.

O fato de termos mudado de Congonhal ainda jovens trouxe essa situação de desconhecimento de familiares, que hoje são numerosos, a maioria ainda vivendo naquela cidade. É uma pena não podermos conviver com todos, mas a vida é assim.

Dizem que sogra não é parente, mas sem ela e sem meu sogro eu não teria conseguido a minha amada. Então tenho uma dívida de gratidão para com eles. Meu sogro já é falecido, mas minha sogra, com 85 anos, é de uma lucidez e de uma memória espantosas. Como sou quem toma conta de suas despesas e também quem a leva ao médico, sempre preciso de informações sobre produtos a comprar, que dia temos de ir ao médico, etc., e ela se lembra de tudo. Reclama muito de gastar seu dinheiro e de não conseguir caminhar, e procuramos mostrar a ela quão boa é sua qualidade de vida, apesar de tudo. É uma pessoa valente que aprendeu a ler e escrever depois da morte de dois de seus filhos, em acidentes diferentes, como forma de se manter viva. Agradeço muito por jamais ter interferido na minha vida com minha esposa.

✤

A perda de irmãos mais novos

"A nossa dor ainda não cessou pela perda de Elvécio, um irmão muito querido, levado por Deus, repentinamente, quando ainda era um jovem pai de quatro filhos.

Elvécio era um irmão muito alegre e onde estava não havia tristeza. Gostava muito de pescar e também de saborear as delícias de uma mesa. Era uma pessoa dedicada àquilo que fazia, chegando ao extremo às vezes. Sua vocação era a de vendedor e dizia que se o cliente chegasse até ele não perdia a venda. Sabia negociar, sabia ser gentil, sabia cativar. Era uma pessoa digna e honrada e um pai zeloso pelos seus filhos. Deixou-nos muita saudade e muita dor, principalmente pelo repentino de sua morte.

Há três dias (09/11/2014) perdemos mais um irmão, depois de uma semana de angústia e de esperança. Simão era mais novo que eu um ano, onze meses e vinte e nove dias.

A ordem natural das coisas, como é do pensamento humano, seria a da morte primeiro, dos mais velhos, e só depois a dos mais novos.

Mas para Deus a idade não tem importância. Aliás, diante de Deus e da eternidade tanto faz 1 minuto como 100 anos, e diante disso resta resignarmo-nos à vontade de Deus. Deus busca muitas vezes os melhores e nós sabemos que Ele quis nossos dois irmãos melhores para que também seu reino se regozije.

O frei Franciscano, que fez as exéquias, disse que o Simão fará muita falta para a comunidade de São Benedito onde é vigário. Monsenhor Paiva disse mais, que Simão fará falta para a Igreja toda.

Nós dizemos que o Simão fará uma imensa falta, em especial, para sua esposa Ana, seus filhos Caio, Aline e Marco, sua nora Lisiane, seu genro Toninho, sua neta Izabela e para todos nós seus familiares que choramos a sua partida.

A marca do Simão era a do equilíbrio, da serenidade, da fé e da compreensão. Jamais me lembro de uma palavra áspera saída de sua boca. Muito convivemos. Fizemos muito tijolo juntos, capinamos muito arroz, cuidamos muito de gado, fomos muitas vezes juntos à escola, à igreja, e Simão não deixava uma semana passar sem me dar um telefonema. Vou ficar esperando o seu telefonema e ele não haverá.

Diante de tudo isso, temos também a certeza de que algumas pessoas estão hoje muito contentes. Em primeiro lugar papai e mamãe que poderão tê-lo de novo em seus braços e cobri-lo de beijos e abraços, que nós agora não podemos fazer. Vovô Emboava poderá fazer com Simão as brincadeiras de que tanto gostava e ria com seu amor ao vovô. Tio Vicente, seu padrinho, uma pessoa muito simples, mas muito sábia, terá Simão a seu lado para contar-lhe coisas maravilhosas do céu e para dizer-lhe como sua vida aqui foi bela e realizadora da vontade de Deus. Tia Suzana arrumará uma cama de palha de milho muito fofa para Simão repousar e mostrará a ele onde pescar traíra e encontrar lima-da-pérsia, araçá e mandioquinha-salsa, pois lá no céu as delícias não faltam. Também levará Simão para encontrar tio Zé Neném e contarão histórias sem fim e darão muita risada. Elvécio estará dando aquele seu sorriso imenso e já estará com seu chapéu na cabeça, mais um para o Simão e com as iscas prontas e as varas de pescar preparadas para desfrutar de sua presença de irmão querido. Tantos outros estarão alegres no céu, especialmente a Virgem Maria, São José, São Pedro, todos os santos, anjos e arcanjos, sobretudo a Trindade Santa de Deus, de quem Simão foi um fiel servidor.

Resta-nos o consolo de que Simão está na glória de Deus. Agora, todo o dia quando eu rezar de manhã pelas almas, não vou mais pedir a misericórdia de Deus pela alma de meu irmão, mas pelas almas de meus irmãos. Tenho a certeza que hoje Simão participa da Igreja Triunfante, onde continua como servo de Deus a louvá-lo, adorá-lo e glorificá-lo e que estará intercedendo por todos nós para que sejamos melhores, mais humanos e cada vez mais agentes de Deus na sua obra da criação.

Simão foi um semeador do bem que hoje colhe as delícias do paraíso. Simão distribuiu seus talentos por onde passou. Com a saudade de nós todos: irmãos, esposa, filhos, genros, cunhados, sobrinhos e neta, devolvemos-te ao Pai Todo-Poderoso, para sua honra e glória, e agradecemos por ter tido um irmão tão bom.

Simão e Elvécio, amamos vocês. Um dia nos encontraremos na felicidade eterna."

Carta que escrevi e li em reunião de família após o falecimento de meu irmão.

Parte **3**

MEUS ENCANTOS

Esta parte contém as coisas que mais gosto e que alegram o meu viver: leitura, música, viagens, poesias, comidas, entre outras.

COMPARTILHANDO

Cruzei o Cabo da Boa Esperança. Depois de chegar aos 66 anos, começo a olhar para frente e para trás e verifico que por certo já vivi três quartos da minha vida. Se é que ainda me resta um quarto, é preciso, dentro da minha visão humanista, colocar para fora, para aqueles que perpassarem por estas linhas, parte daquilo que valeu a pena e por vezes algo que não valeu. Como não pertenço ao mundo das gerações digitais X, Y e Z, talvez pouquíssimas pessoas se interessem pelo que vou compartilhar. Em contraponto, é cada vez maior o número de pessoas acima da meia-idade que podem se interessar pelas coisas de que gostei na vida, especialmente dos anos 1960 a 1990.

Quero escrever textos dentro deste conceito, e estou planejando escrever sobre o sentido da vida, espiritualidade, dependência química e a perda de muitas pessoas que se enveredam por estes caminhos; educação dos filhos nos dias de hoje, o que mais quero ver no mundo e o que não quero ver mais, problema para conviver com as novas tecnologias e minhas preocupações com os nascidos digitais, bem como reflexões sobre os acontecimentos desta década.

Se eu viver ainda como espero (e minha alma, meu coração, minha cabeça, meus olhos e minhas mãos, ou seja, meus instrumentos de trabalho não me nocautearem), tentarei seguir esta linha, desviando-me da política, que de vez em quando abordarei escrevendo, quando julgar mais conveniente.

Espero estar subindo um degrau, não porque considere a política uma coisa menor; ao contrário, considero que a política (serviço para o bem do povo) é muito sublime e deveria ser exercida só por cidadãos de bem, voltados para os interesses da população, sem remuneração, ou seja, um serviço voluntário. Exceto, é claro, os que exercessem cargos com dedicação integral, pois precisam de um meio de subsistência.

Não sei se os editores terão interesse por estes escritos, que por vezes tratarão de educação, de cultura, de filosofia, ou de direito, etc. Farei a minha parte. Eu não sei avaliar isso, mas ativarei meu cérebro, minha memória e me colocarei à disposição dos interessados para aprofundar qualquer das partilhas.

Não me julgo com o direito de guardar isso só para mim. Minha formação é humanista, como disse: filosofia, direito e administração e hoje apenas participante de movimentos voluntários. É minha obrigação contribuir com as pessoas com aquilo que recebi gratuitamente da Divina Majestade.

Compartilhando, sugiro aos leitores que assistam à entrevista do jornalista Salomão Schvartzman com Dr. Miguel Srougi, o maior proctologista do Brasil, em julho de 2013, no canal da Band News; bem como o artigo de J. R. Guzzo, intitulado "Doutora Juliana", na edição da revista *Veja* de 10/07/13. Você entenderá a ineficácia de se trazer 35 mil médicos de outros países para o Brasil. Nosso problema de saúde é muito maior do que a falta de médicos. Pensemos na situação nos confins do Brasil: um médico, sem laboratório para análise de sangue, fezes e urina, sem raios-X, sem aparelho de ultrassom, vai fazer o quê? E mesmo que faça alguma coisa, que remédio dar, já que a maioria da população não tem recursos para comprá-los? Se aqui em Mogi Guaçu, cidade desenvolvida do estado de São Paulo, você pode estar aguardando uma consulta para daqui a noventa dias, e quando o médico prescreve remédios, alguns estão em falta na rede pública, que dirá nos rincões distantes deste Brasil? Assistam à entrevista, leiam o artigo e depois julguem.

Creio firmemente que o Brasil pode ser mudado, porque tem condições para isso: terra, água, sol, um povo trabalhador e na maioria honesto.

Lugares inesquecíveis

Tanto por força de trabalho como também em outras ocasiões, tive oportunidade de conhecer alguns lugares inesquecíveis.

Vejo sempre na televisão alguns programas dizendo: "Os mil lugares do mundo que você deve conhecer antes de morrer", ou coisas similares, e gostaria de compartilhar alguns com quem está a ler estas páginas, procurando escolher os melhores lugares que conheci. Não são muitos e até tenho certeza que existem outros muito mais bonitos, onde ainda não fui, nem sei se irei como pretendo, como para a Terra Santa e para a Patagônia, bem ao sul da Argentina.

1. Itália

Para as pessoas que me perguntam, digo: se você só tem dez dias para passear e o dinheiro está curto, vá para a Itália, especialmente para Roma, Veneza e Firenze. Vale a pena.

A Itália é um país fantástico, bonito, alegre, onde se come muito bem, onde encontramos as mais diversas lojas e opções de compras, museus famosos e especiais, igrejas das mais belas do mundo, facilidade para se andar na cidade de metrô ou ônibus e para ir de uma cidade a outra de trem. A um custo bem razoável, vinhos deliciosos, queijos muito saborosos, para não falar da "pasta" inigualável. Hospitalidade excelente, teatros, galerias, além da facilidade para o entendimento da língua. Se você tem bom preparo físico, ande bastante a pé.

Em Veneza não deixe de conhecer as famosas pontes dos Suspiros e dos Amores, bem como a Piazza San Marco com sua Basílica monumental, a Galleria dell'Accademia e o Palazzo Ducale. Só ande de gôndola ou vaporeto para conhecer (uma vez basta), no mais faça tudo a pé, o que permitirá aproveitar muitas coisas diferentes. Se puder fique dois dias em Veneza. Se o dinheiro for curto, há hotéis bons em Mestre, parada do trem anterior e bem próxima de Veneza. Sempre faço isso. Ou fique em algum hotel perto da Estação Central. Na Piazza San Marco os hotéis têm preços de arrepiar. Tudo nessa praça é bastante caro, da comida a lembrancinhas, mas não deixe de conhecê-la com suas belíssimas galerias e construções.

Em Roma ande o máximo possível a pé. Dá para fazer uma caminhada que inclua diversos lugares espetaculares, saindo da Fontana di Trevi e indo até o Vaticano. Se você quiser ir de táxi, ônibus ou metrô, acaba sem ver muita coisa bonita, histórica, imperdível. Vale a pena visitar a Basílica de San Giovani Laterano, a Scalera Santa, a Basílica de San Pablo Fuore Muri, a Basílica do Vaticano, o Coloseo, o Fórum Romano, o monumento a Vitório Emanuelle, praças como a Piazza di Spagna e tantas outras. Para uma boa visita a Roma o ideal é um tempo de uma semana ou pelo menos quatro dias, sendo dois dias só no Vaticano, que, além da Basílica, tem um museu fabuloso e a capela Sistina, que não pode deixar de ser visitada.

Em Firenze não deixe de subir na cúpula do Duomo, de ir ao mercado das pulgas e também ver as famosas estátuas de Davi, do rapto das Sabinas e do Perseu, bem como a maravilhosa Galeria Uffizi. Em dois dias dá para ver muita coisa bonita. Reserve, com antecedência, hotel de uma ou duas estrelas, que são razoáveis, porque um três estrelas custará muito. É a cidade onde sempre tive maiores problemas para hospedagem, até mesmo em pensões, por falta de vagas.

De Firenze é fácil e perto para visitar Siena, com sua imperdível Piazza del Campo, onde acontece no mês de agosto a festa do "Palio", com as corridas de cavalo mais antigas do mundo. Firenze também fica perto de Pizza, que tem sua famosa torre e diversos outros pontos turísticos muito bonitos numa mesma praça.

Se conseguir ir a Milão, não deixe de subir no teto do Duomo de São Carlos Borromeu, bem como visitar e se deliciar na Galeria Vitório Emanuelle. A comida é bem cara, mas o local é tão bonito que vale a pena. Em um dia ou dois, dá para aproveitar coisas especiais de Milão.

Há muitíssimos outros lugares maravilhosos na Itália, variando conforme o interesse de cada um: religioso, histórico, montanhas, lagos, tais como Assis, Cássia, Rocca Porena, o Monte La Verne, Turim, o Lago de Como, Taormina, os montes Branco e Rosa na divisa com Suiça, Os Apeninos, etc., mas importaria, para conhecer tantos lugares, uma estada prolongada na Itália.

2. Espanha

Outros lugares fantásticos você pode encontrar na Espanha, especialmente em Madri e Barcelona. A Espanha tem um ritmo diferente da Itália e uma alegria contagiante. Há muito para ser visto. Não deixe de ir à Plaza de Cibelles, ao Museu do Prado, em Madri, e à Catedral da Sagrada Família e Tibidabo, em Barcelona. Não fique sem assistir a um espetáculo de tablado flamengo e, se possível, a uma tourada. Comer pratos de frutos do mar, coelho e jamon com melocoton são sempre boas pedidas.

3. França

Se tiver boa disponibilidade financeira, aproveite para dar uma esticada a Paris, onde você não pode ficar sem ir ao Palácio de Versailles nos arredores de Paris, ao Museu do Louvre, à Catedral de Notre-Dame, ao Champs-Élysées, ao Arco do Triunfo, ao Jardin des Toulheries, ao Lidô, ao Quai d'Orsay e tantos lugares mais. São necessários pelo menos três dias para aproveitar a ida a Paris. Gosto de andar a pé e é o que sugiro, pois permite-nos ver detalhes e também apreciar a vida urbana, o burburinho.

4. Suíça

Se você gosta das coisas em ordem, visite a Suíça. Lá parece que tudo está no lugar que deveria estar. As pastagens são muito bonitas, os picos nevados também. O povo é muito ordeiro e educado, e se você conversar com um suíço verá o seu senso de responsabilidade e como o país se organiza na sua defesa e nos serviços para a população. Trata-se de um país muito pequeno e em três dias dá para fazer um passeio de carro de um extremo ao outro, fazendo algumas paradas em lugares que encherão os olhos. Vale a pena. Se você gosta de esquiar, então a viagem poderá ser maravilhosa, necessitando de uns dias a mais.

5. Chile e Argentina

Agora tratemos um pouco da América do Sul. Um *tour* que o leve aos Lagos Andinos, Bariloche e Buenos Aires é para jamais esquecer. A cor das águas chilenas, vindas das geleiras dos Andes, especialmente dos riachos e corredeiras, é algo indescritível; a beleza que se tem em Vale Nevado e a imensidão dos vales que podemos descortinar nos levam a sentir nossa pequenez e a grandeza do universo. Se você gosta de esquiar, aproveite.

Peulla, no Chile, é um lugar marcante dessa viagem, acho que foi feita para o amor, de tão aconchegante que é. É um lugar quase desabitado, selvagem, diferente e especial.

Os mariscos e frutos do mar chilenos são inesquecíveis, pois o país tem o privilégio de sua costa margear os Andes e, como consequência, ter água com temperatura sempre baixa, o que favorece a criação dessas espécies.

A travessia pelos lagos no sentido da Argentina mostra-nos coisas maravilhosas. Numa das paradas, visitamos uma 'alerce' (árvore de mais de cinco mil anos e que cresce um centímetro por ano): obra de Deus mesmo. Na Argentina visitamos "El tronador", uma geleira que está se desfazendo, devido ao aquecimento da terra. É impressionante o barulho e a grandeza da queda de paredões de gelo que pudemos ver, mas que traz uma grande tristeza por sabermos que aquilo pode desaparecer se o homem continuar a destruir a natureza.

A comida Argentina é muito boa, carnes de sabor especial, chocolates maravilhosos. Imperdíveis são os espetáculos de tango. Assista a dois, um de tango tradicional e outro feito como espetáculo moderno, ambos absolutamente diferentes e que nos encantam. E os preços na Argentina estão dentro dos nossos padrões brasileiros. Andar de táxi custa muito pouco.

Já os preços chilenos são um pouco salgados para nós, mas vale a pena pela beleza.

6 . Brasil

Nós que moramos no estado de São Paulo, temos obrigação de conhecer e aproveitar o litoral norte, bem como o sul do estado do Rio. Que região espetacular. O difícil são as estradas, mas devemos compreender que no dia que as estradas forem boas, a quantidade de turistas vai se tornar muito maior e as condições para que as cidades suportem este crescimento terão que ser outras, sob pena de tornarem os passeios a esses locais uma dor de cabeça.

Saindo de São Paulo, recomendo o roteiro que chega até as Serras Gaúchas, passando por Curitiba, descendo a serra de trem até Paranaguá (passeio lindo), seguindo para Florianópolis, Blumenau, Gramado, Canela, Caxias e Bento Gonçalves. É tudo de bom. Com 15 dias dá para planejar uma viagem muito boa e aproveitá-la bastante. Os preços são convidativos.

Outro roteiro de dar água na boca é seguir rumo a Minas Gerais. Com 10 dias dá para fazer uma viagem bem agradável, passando pela Serra da Mantiqueira e hospedando-se uma noite em Gonçalves e seguindo no outro dia para São Lourenço. Ao passar por Piranguinho, não deixe de saborear o famoso pé de moleque, especialmente se estiver ainda quentinho.

Em São Lourenço, visite o parque municipal de águas minerais. Aproveite para beber água direto na fonte. Algumas águas têm sabor muito agradável. Um dia basta e, nesse mesmo dia, dá para aproveitar e visitar Baependi e lá conhecer a capela da Beata Nhá Chica.

Siga para Tiradentes e São João Del Rei, de preferência fique um dia em cada cidade. É tanta coisa bonita para ser vista e tanta comida boa que não dá para caber nestes escritos, mesmo que fosse um livro inteiro. O melhor período é em meados de julho, pois é período festivo da padroeira de várias cidades da região e você poderá ver algumas festas e comemorações muito interessantes, na rua, sem pagar nada.

Siga para Mariana e Ouro Preto, almoçando em Congonhas e visitando as maravilhosas obras do Aleijadinho, coisa para se admirar e encher os olhos. Pode dar sorte de encontrar frango ao molho pardo e de sobremesa doce de leite mole com queijo, imperdíveis.

Falar de Mariana e Ouro Preto também exigiria um livro, mas não deixe de visitar, em Mariana, a Basílica e, se der sorte, assistir a um recital do órgão dessa igreja, que é fantástico e raríssimo, bem como ir ao museu onde poderá apreciar as obras do Mestre Ataíde. Passeie um pouco pela Rua Direita e depois suba a rua que vai até o Paço Episcopal. Você vai ver duas igrejas, uma ao lado da outra, e também uma construção muito bonita que já foi cadeia, Câmara de Vereadores e hoje não sei o que é. É um local maravilhoso. Perto há um hotel, antigamente conhecido como Hotel das Freiras, bastante bom e de preço acessível. Nessa mesma rua havia, não sei se ainda está lá, o ateliê de Hélio Petrus, artista de conceito internacional, com seus entalhes belíssimos (se puder, compre um, pois são obras de encher os olhos).

Fiz filosofia em Mariana, na segunda metade dos anos 60. Então, para mim, o Seminário Maior São José também merece uma visita, mas é uma lembrança emocional, do meu coração.

Em Mariana ocorrem muitas festas em meados de julho, em comemoração à padroeira da cidade, e quase sempre nesse período há os recitais na Sé Basílica no centro da cidade.

Em Ouro Preto a Praça Central é maravilhosa e nela encontramos o Museu da Inconfidência e o Museu de Mineralogia, que não podem deixar de ser visitados, bem como as lojas com artigos belíssimos, especialmente de pedras preciosas e semipreciosas. Ouro Preto tem mais de vinte igrejas, mas não deixe de visitar a de São Francisco e a do Pilar, onde há, nos fundos, um museu com objetos de arte sacra que vale a pena conhecer.

Muita gente gosta de Diamantina, mas eu particularmente prefiro Cerro, uma cidadezinha que fica antes de Diamantina, que parece um presépio. Um pernoite em Cerro vai fazer bem.

Imperdível é ir até o Caraça, colégio tradicional dos idos tempos de Minas, encravado numa serra perto de Santa Bárbara, cuja montanha forma o desenho de um rosto. Os dotados de paciência passam horas esperando o lobo-guará que vem comer o prato que lhe é preparado todo dia e colocado no pátio em frente à igreja do colégio. Muita gente famosa de Minas e do Brasil estudou no Caraça, conhecido por sua disciplina, severidade e seriedade. Se você tiver sorte de ir ao Caraça em noite de julho, sem lua, vai enxergar um céu estrelado como jamais viu. É algo verdadeiramente fantástico. E se estiver por lá o Padre Lauro Pallu, que foi meu professor de filosofia, você poderá ter uma aula fantástica sobre lobo-guará, musgos, fotografia e mesmo filosofar com alguém que é *expert* no assunto, de uma inteligência brilhante e de uma conversa muito agradável.

Voltar para São Paulo em um dia só é muito cansativo. Então aproveite para conhecer Brumadinho e o maior museu a céu aberto do Brasil e um dos lugares mais bonitos que você poderá conhecer: Inhotim – Instituto de Arte Contemporânea. Para valer a pena, você precisa passar pelo menos três dias nesse local.

Outro lugar que vou indicar é Fernando de Noronha. Faça uma viagem a este local. Não se esqueça de todo dia, após o jantar, ir assistir à exposição que é feita por biólogos do Projeto Tamar. São vídeos e debates interessantíssimos. Se me lembro bem, isso acontece às 21 horas. Visite a praia de Atalaia, que recebe um número limitado de visitantes por dia, sendo necessário reservar com antecedência. Faça um passeio de barco, mergulhe e outras coisas mais, como dançar à noite. Vá disposto a caminhar, a dormir pouco e a não se preocupar com mordomias. Lá é local para curtir a natureza, ver tartarugas, golfinhos, etc. Aproveite a Baía do Sancho que é considerada uma das praias mais belas do Mundo.

Não posso deixar de citar minha cidade de Congonhal como um dos meus lugares inesquecíveis. São muitos dos seus recantos que me encantam, tais como o Córrego do Bebedouro, o Mato da Conceição, Os Macaquinhos, As Almas, Os Coutinhos, Os Quintilhanos, Os Campos e as cachoeiras, especialmente as quinze quedas, uma maravilha da natureza. Povo hospitaleiro, pacato e calmo que tem tempo para jogar conversa fora e não está apressado como nós que corremos não sei para que nem para onde. Sentar nas escadarias da Igreja ou nos bancos da praça e bater um papo descontraído, apreciando a calmaria da vida e a beleza da natureza, é algo que não mais temos nos nossos centros urbanos modernos e que ainda acontece em minha cidade querida. Saborear um frango caipira no Restaurante do Rubens bem como comer um pastel de milho na pastelaria da Sinhaninha são coisas que valem a pena. Talvez você escute um canto diferente e logo surja um carro de boi em plena rua da cidade: aprecie.

Espero ter dado sugestões que possam fazê-lo aproveitar bem suas férias e ser feliz. Afinal a vida é para ser aproveitada. Se os passeios forem a dois, melhor ainda; mas, para economia, esses roteiros podem ser feitos por dois casais, que sejam amigos, por ser possível alugar um carro e rachar as despesas. Já fiz assim por duas vezes e foi muito bom.

✤

Meus livros favoritos

A leitura sempre me encantou, pois se pode ir a qualquer lugar, sem sair de onde se está. O ato de ler nos traz não apenas conhecimento, mas também alegria, diversão, descanso, calma, momentos de descontração e muitas vezes nos leva a mundos desconhecidos que jamais imaginávamos. Os livros podem nos trazer magia, inspiração, prazer, informação, encantamento e até mesmo nos levar às lágrimas.

Nos meus escritos iniciais deste livro, citei diversos autores que me encantaram e continuam me encantando, seja pela capacidade de inventar uma história, ou de manifestar algo com profundidade, ou pela precisão nas descrições, ou pelas lições de vida que transmitem, ou pela sabedoria que encerram, ou pela capacidade de síntese e precisão, enfim, ou até pela sonoridade que contêm.

Entre tantos livros, cito alguns cuja leitura me trouxe muito prazer. É certo que muitos livros memoráveis ficarão fora desta lista, por lapso de minha memória. Mas os que cito fazem parte da minha lista de livros preferidos.

Grande Sertão: veredas e *Sagarana* – Guimarães Rosa
Dom Casmurro – Machado de Assis
Incidentes em Antares – Érico Veríssimo
Vila dos Confins – Mário Palmério
Vidas secas – Graciliano Ramos
Inocência – Visconde de Taunay
Aleluia – Josué Montello
1968: o ano que não terminou – Zuenir Ventura
O homem que calculava – Malba Tahan

Qual é a tua obra? – Mario Sergio Cortella

O essencial é invisível aos olhos – Edgardo Sosa

Pelos caminhos da vida e *Um erro judiciário* – A. J. Cronin

Sidarta – H. Hesse

A volta do filho pródigo – Henri J. M. Nouwen

O Pequeno Príncipe e *Cidadela* – Antoine de Saint-Exupéry

O príncipe e o mendigo – Mark Twain

O primo Basílio – Eça de Queirós

A revolução dos bichos – George Orwell

O primeiro amor – A. Thecov

O menino do pijama listrado – John Boyne

O caminho para Bitínia – Frank Slaughter

A última grande lição – Mitch Albom

Construir o homem e o mundo – Michel Quoist

O diário de Anne Frank– Anne Frank

O cão dos Baskerville – Arthur Conam Doyle

O caso dos dez negrinhos – Agatha Christie

A segunda dama – Irving Wallace

O caçador de pipas – Khaled Hosseini

O homem duplicado – José Saramago

O velho e o mar – Ernest Hemingway

Papillon – Henri Carriére

Os sermões – Padre Antônio Vieira

Confissões – Santo Agostinho

As catilinárias – Cícero

Uma autobiografia – Lee Yaccoca

Megatendências – John Naisbitt

O gerente eficaz – Peter F. Drucker

Made in Japan – Akio Morita

Ao todo cheguei a aproximadamente cinquenta livros. Considerados os livros de puro entretenimento, que nos trazem descanso, e aqueles leves que nos aliviam do estresse dos momentos do cotidiano.

Temos ainda muitos de Arthur Hailey, Sidney Sheldon, Léo Buscáglia, Rubem Alves, Ágatha Christie e A. J. Cronin; crônicas memoráveis de Fernando Sabino, Rubem Braga, Paulo Mendes Campos e Carlos Heitor Cony; os Evangelhos, as cartas de Paulo, os Salmos, o Livro da Sabedoria e tantos mais que facilmente ultrapassariam a casa de cem ótimos livros. Dentre os que me lembrei, citei aqueles que mais me inspiraram, alegraram e trouxeram momentos de prazer.

Se você for um apaixonado pela leitura, vale a pena ler esses livros, pois com certeza usufruirá de ótimos momentos.

Músicas, cantores e orquestras favoritas

Creio que a voz é um dom de Deus para todas as pessoas, mas algumas recebem esse dom de forma especial, trazendo-nos, quando a ouvimos, uma sonoridade especial, uma vibração, uma tonalidade diferente, algo que nos dá um contentamento especial.

Por que uma pessoa gosta de música clássica e outra de *hip hop*? Por que uma pessoa gosta de música lenta e outra gosta de música agitada? Por que algumas pessoas gostam de ouvir música bem baixinho e outras pessoas gostam de ouvir música bem alto? Este é o meu caso.

Cada um tem suas preferências e creio que isso se deve a fatores culturais, ao meio ambiente onde se criou e viveu e até mesmo de sua afinação, de seu ouvido, de suas ramificações nervosas cerebrais.

No meu caso, nasci ouvindo música caipira. Ao estudar em seminário, passei a gostar de música clássica e de cantar em coral, com diversas vozes, acompanhadas inclusive de orquestra. Após sair do seminário, a "onda" da época era a Bossa Nova, a MPB e mesmo antes disso os cantores de vozeirão ou, em contraponto, as cantoras de vozes absolutamente intimistas, vozes pequenas e afinadíssimas.

Não consigo ouvir músicas eletrônicas, com raras exceções, como também músicas faladas, como *funk*, *hip hop*, etc. Música para mim tem que ter sonoridade especial, atingir meus ouvidos como uma brisa, ter letra que diga alguma coisa poética, inspiradora.

Da música caipira, gostei e gosto muito de Pedro Bento e Zé da Estrada, Tião Carreiro e Pardinho, Zico e Zeca, Cascatinha e Inhana, Tonico e Tinoco, que uma vez mais modernizados tiveram suas obras gravadas por muitos artistas que passaram a chamá-las de "sertanejas", com grande sucesso. Destes, gosto muito de Pena Branca e Xavantinho, Almir Satler, Chitãozinho e Xororó, João Paulo e Daniel, Leandro e Leonardo e pouco mais que isso. São inesquecíveis: *Terra tombada*; *Boiadeiro errante*; *Chico mineiro*; *Quero beijar-te as mãos*; *Rio de lágrimas*; *Tristeza do Jeca*; *Colcha de retalhos*; *Meu velho pai*; *Cabocla Tereza*; *Chalana*; *Beijinho doce*; *Um fio de cabelo no meu paletó* e tantas como tais.

Outros que apareceram modernamente são cópias, bem fraquinhas dos originais, numa onda de sertanejos universitários, com poucas músicas de qualidade, com uma repetição espantosa de frases vazias de conteúdo, mas que atingem o gosto popular, infelizmente tão carente de cultura, mas promovidas, por vezes, à custa de muito "jabá".

Alguns cantores da MPB também gravaram músicas maravilhosas de autores caipiras. Ouvir Nara Leão cantando *Índia* é de arrepiar, bem como ouvir Elis Regina cantando *Saudosa maloca*. Aliás, estas são duas cantoras incluídas entre minhas preferidas.

Para facilitar a descrição das minhas canções e cantores favoritos, ao invés de, a cada um, dizer que foi sublime, divino, maravilhoso, vou apenas fazer uma lista dos que merecem estas classificações, pois, quando os ouço, quero ouvi-los de novo, por vezes aumentando o volume do som e me arrepiando. Tocam a minha alma e o meu coração, fazendo com que aquele momento seja especial.

Talvez você tenha um gosto muito diverso do meu, o que seria absolutamente normal, mas se achou que tem alguma coisa a ver comigo, procure ouvir estas músicas.

Dentro desse contexto é que estão minhas preferências. Foi muito difícil escolher menos que 150 músicas com cantores, arranjos, orquestras de que gosto. Mas fazer uma lista de preferência nos faz cortar, muitas vezes na carne, coisas das quais gostamos muito. Segue minha lista sem qualquer ordem de preferência.

Barbra Streisand: *As Time Goes By / Papa, Can You Hear Me* (uma voz impecável).

Connie Francis: *Granada / Besame Mucho / Solamente una Vez / Quizás, quizás, quizás.*

Gigliola Cinquetti: *Non ho l'etá per amarti, Nápoli Fortuna Mia* (o filme que fez, *Dio, Come ti amo,* com suas músicas, dá saudades, pois não o encontro e é belíssimo).

Mercedes Sosa: compôs canções inigualáveis, e cantando em parceria tanto com Elis como com Milton Nascimento a canção *Gracias a la vida* nos faz arrepiar.

Sara Vaugnh e Billie Ekstein: *C'hek to C'heck* (imperdível) / *Remember / Ive Got My Love to Keep Me Warm* (que duetos maravilhosos!)

Tracy Chapmann: *Baby, Can I Hold You / Give me One Reason / Sing For You* (quando a ouço cantar parece que escuto o pranto de toda a África, de tão pungente que é seu canto).

Clara Nunes: *Portela na avenida / Juízo final* (gosto de tudo de Clara).

Evinha: *Luciana* (que encanto!).

Cláudia: *Não chores por mim Argentina* (se equipara a Madona cantando esta música).

Elis Regina: *Fascinação/ Saudosa maloca / Dois pra lá, dois pra cá/ Upa Neguinho* (outra que me encanta em tudo).

Quarteto em Cy: *Mulheres de Atenas / Reza* (que combinação espetacular de vozes).

Nara Leão: *Índia / Carcará / Olê Olá / A banda / Meu primeiro amor / A estrada e o violeiro* (sua voz é um bálsamo para meus ouvidos).

Andy Williams: *Moon River / Memories / Love is Blue / Born Free / Love Story.*

Andréa Bocelli: *Agnus Dei* (composição de Cesar Frank) / *Quizás, quizás, quizás* e tantas outras.

Charles Aznavour: *La Bohème / Ave Maria / Que C'ést triste Venise.*

Nat King Cole: *Aquellos ojos verdes / Quizás, quizás, quizás/ Love is a Many Splendored Thing* (uma voz de uma sonoridade incrível. Ele parece não fazer força para cantar).

Frank Sinatra: *My Way / Strangers in the Night / New York, New York/ Night and Day* (não dá para citar todas as suas grandes interpretações. Não é por acaso que é conhecido por "A voz").

Luigo Tenco: *Ciao amore, Ciao* (quisera eu ter seu tom de voz).

Pat Boone: *Bernardine / Moon River.*

Ray Charles: *I Can't Stop Loving You / Georgia on my Mind* (gosto mais da primeira, mas no filme *Ray*, quando ele surge cantando *Georgia on my mind*, é de arrepiar).

The Beatles: *I Want To Hold Your Hand / She Loves You / Yesterday / Imagine* (não dá para citar todas as suas músicas espetaculares. É difícil, inclusive, escolhê-las. Foram geniais)

The Mamas & The Papas: *California Dreams / Monday Monday* e outras tantas.

Adoniram Barbosa: *Vila Esperança / Saudosa maloca / Iracema* e outras mais.

Almir Satler: *Chalana / Um violino toca* e outras tantas (suas músicas nos trazem serenidade).

Altermar Dutra: Que queres tu de mim/Ave Maria dos Namorados (que voz diferente!).

Benito Di Paula: *Sanfona branca / Retalhos de cetim / Mulher brasileira* (um grande cantor).

Chico Buarque: *Roda viva / Quem te viu, quem te vê / Pedro pedreiro / Mulheres de Atenas.*

Emílio Santiago: *Ronda/ Kizomba, a festa da raça* (que voz!).

Francisco Egydio: *Creio em ti/ Quero guardar na lembrança/ Foi Deus...* (que capacidade vocal!).

Geraldo Vandré: *Prá não dizer que não falei de flores* (só a música bastaria, mas é de arrepiar na voz de Simone).

Jair Rodrigues: *Viola enluarada / Tristeza / Dois na Bossa (pot--pourri* com Elis).

Jessé: *Porto solidão/ Voa liberdade/ Cidade Santa (Jerusalém) / Concerto para uma só voz / Paraíso das hienas / Noite santa* (só para citar algumas, porque sua voz torna todas as canções maravilhosas. Jessé não devia ter morrido tão cedo, mas Deus o quis no seu coro celeste).

João Gilberto: *Chega de saudade* (sua voz é pequena, mas sua capacidade intimista de interpretar é fabulosa e seu perfeccionismo dá gosto).

Milton Nascimento: *Caçador de mim/ Coração de estudante / Travessia/ A noite do meu bem/ A barca dos amantes/ Saudade dos aviões da Panair* (este é um dos maiores compositores e cantores do Brasil).

Nelson Gonçalves: *Boemia/ Carlos Gardel / Normalista / A deusa do asfalto / Maria Betânia / Deusa da minha rua / Devolvi* (com Núbia Lafaiete).

Nilo Amaro e seus cantores de Ébano: *A Lenda do Abaeté / Uirapuru / Greenfields / Down By the Riverside / Vaqueiro Prevenido* (o baixo de Noriel Arantes é de dar inveja).

Roberto Carlos: *A Guerra dos Meninos – Canzone* per te / *Maria, Carnaval e cinzas* (faz sucesso há 50 anos e só por isso merece o registro).

Tom Jobim: *Ana Luiza / As cores de abril / Águas de Março* (com Elis) / *Luiza* (com Edu Lobo) / *Garota de Ipanema / O morro não tem vez / Arrastão* e tantas outras (compositor e arranjador dos melhores que o Brasil conheceu).

Toquinho: *Aquarela / Meu pai Oxalá* [com Vinícius] (sua voz e seu violão encantam a todos).

Vinícius de Moraes: *As cores de abril* (um gênio nas letras que fez).

Há tantas músicas espetaculares como *Terra da Boa Esperança, Estou apaixonado* e tantas de Adoniram, Hermeto Pascoal, Paulinho da Viola, Cartola, Pixinguinha, Braguinha; músicas cantadas por Maysa e Dolores Duran, que minha lista ficaria sem fim, por isso cito apenas aquelas que são de minha preferência.

Se me fosse dado o talento de alguns cantores, ficaria felicíssimo e realizado por cantar: *Georgia on my Wind*; *I Can't Stop Loving You*; *Bernardine*; *Ciao amore, ciao*; *Agnus Dei*; *Creio em ti*; *Os verdes campos de minha terra*; *Porto solidão*; *Terra da Boa Esperança*; *Terra tombada*; *Boiadeiro errante* e *Cidade Santa*.

Minhas músicas preferidas, em vozes femininas, são: *Luciana* (Evinha), *Não chores por mim Argentina* (Cláudia ou Madona), *Portela na Avenida* (Clara Nunes), *Upa Neguinho* (Elis), *A estrada e o violeiro* (Nara), *Papa Can You Hear Mi* (Barbra) e *Besame mucho* (Conie Francis). Fico encantado com as vozes dessas cantoras.

Essas músicas, masculinas e femininas, dariam um CD imperdível, daquilo que há de melhor em voz, em sonoridade, em competência vocal, em poesia e tudo o mais.

Não poderia deixar de citar as orquestras famosas e minhas músicas preferidas:

Billy Vaughn: *Love is a Many Splendore Thing / Greenfields / Quando setembro vier / Nunca aos domingos* / Tema de *O Álamo /* Tema de *Se meu apartamento falasse.*

Gleen Miller: *Moonlight Serenade/ Henry Mancini* – Moon River / Tema de *Romeu e Juliet / Love is a Many Splendored Thing /* Tema de *Love Story.*

Mantovani: *76 Trombones / Charmaine* (*Die Fledermans Overture Straus*).

Paul Moriat: *Love Story /* Tema de *Lara /* Midnight *Cawboy / This is my Song.*

Ray Conniff: *Ecstasy / La Mer / Halleluja / Harmony / Boogie Woogie /* Tema de *Lara / Feelings / Ravel's Bolero / Lisboa antiga.*

A música extasia nosso ser. Creio que a música é uma das melhores e maiores capacidades que Deus colocou no ser humano.

Sei que minha lista é imperfeitíssima, que não agradará a muitos, que haverá outras preferências, mas, como eu disse no início, cada um tem sua história, cada um tem sua percepção, cada um traz dentro de si marcas que nos caracterizam como indivíduos únicos no universo. Esse é o meu gosto, ele me faz ser mais percebido como pessoa, ou seja, quem sou. Ainda me lembro com muita saudade das missas cantadas a três, quatro e até mais vozes, quando nos juntávamos, o coral dos seminaristas maiores com vozes femininas e vozes de crianças, para, em Mariana, cantarmos missas belíssimas. Lorenzo Perosi, Cesar Frank e Palestrina estão vibrando em minha alma, bem como as músicas clássicas *Aída, Madame Butterfly, Vá Piensero,* executadas por orquestra e coral do qual eu fazia parte e que ainda me trazem saudade. Tempos bons que não voltam.

✤

1. Virado de banana: minha receita especial

Acredito ser um bom cozinheiro, acima da média dos homens de minha geração, que não se preocupavam em servir suas mulheres. Às vezes, nos grupos dos quais participo, em ocasiões especiais para as mulheres, como o Dia das Mulheres e o Dia das Mães, proponho aos participantes darem um descanso do fogão para suas queridas e fazer uma refeição especial para elas. Alerto que churrasco não vale, pois churrasco é a única comida que homens gostam de fazer. Sei fazer arroz, feijão, macarrão ao molho quatro queijos, peixe, carnes, frango, leitoa, assados, saladas e outras coisas mais. Não uso cebola, nem alho, que são especiarias das quais não gosto, e as pessoas que comem minha comida não reclamam da falta destes temperos. Uso sal, limão, azeite, shoyu, vinagre balsâmico e outros.

Há uma receita, no entanto, que quero compartilhar com meus leitores, pois alguns sobrinhos, em especial Pietra, Raíssa, Ariane e Felipe, além da minha cunhada Elizete e de minha neta Beatriz, sempre me pedem para fazê-la. Dizem que ninguém faz um virado de banana tão bom como eu. Eu também gosto, mas nem sempre faço, porque comer doce não me faz bem (estou um pouco acima do peso).

Para aqueles que se interessarem, segue minha receita, que não é feita com medidas exatas, mas sempre dá certo, pois vou provando à medida que preparo o visado.

Ingredientes

2 dúzias de bananas-nanicas grandes, bem maduras

500 g de queijo minas (tipo Araxá)

3 ovos caipiras

Açúcar

Sal

Farinha de milho (daquela bem amarela)

Óleo de girassol ou de milho

Preparo

Descasque as bananas e corte-as em rodelas finas, colocando-as em uma vasilha. Em uma panela, de preferência de ferro, coloque um copo de óleo de girassol ou de milho e deixe aquecer. Coloque as bananas na panela e vá amassando-as à medida que são fritas. Quando estiverem bem dissolvidas, junte os três ovos inteiros e misture-os às bananas. A seguir, corte o queijo em pedaços pequenos e junte-os também na panela. Continue sempre mexendo e cozinhando. Quando estiver tudo bem misturado e o queijo derretido, junte o açúcar (a gosto). Eu gosto bem doce e uso um quilo de açúcar, aproximadamente. Continue cozinhando e misturando os ingredientes. Coloque uma pitada de sal para realçar o doce. Junte a farinha (a gosto). Mais farinha para quem gosta do virado mais seco e menos, para quem gosta dele mais úmido. Eu uso em média meio quilo, mas olho muito mais para a aparência e a consistência. Deixe toda a mistura cozinhando até começar a pegar no fundo da panela. Experimente e, se achar que está bom, desligue o fogo. Corrija algum ingrediente, se for o caso.

Pode ser saboreado quente ou frio (gosto mais depois de algumas horas na geladeira). Se o resultado não agradar, pode me procurar que eu ajudo a fazer esse virado.

Essa receita serve bem quinze pessoas, exceto as pessoas que citei, pois vão querer comer mais do que uma simples porção.

2. Bolinho Pachola: receita de minha tia Marília

Minha querida tia Marília fazia diversos bolinhos diferentes e especiais. Um desses bolinhos tem uma história e por isso fazia parte das iguarias da casa de minha avó Sinhaninha. O nome do bolinho resultou de um pedido do tio José, filho da vó Sinhaninha, quando ainda iniciava a falar e queria um bolinho ao qual deu o nome de Pachola, porque este bolinho tinha a cor idêntica a de um boi da guia de um carro de meu avô e que era chamado de Pachola.

Trata-se de um bolinho feito com polvilho doce.

Ingredientes

2 copos de polvilho doce

1 copo de açúcar (de preferência refinado)

3 colheres de sopa de óleo bem quente

1 pitada de sal

4 ovos

Preparo

Junte o polvilho, o açúcar, o sal e o óleo quente. Misture bem. Acrescente os ovos e amasse até o ponto de enrolar. Se a massa ficar muito seca para enrolar, acrescente um ovo (ou mais) até dar o ponto de enrolar. Enrole em formato cumprido, como pequenos biscoitos, ou em forma de pequenas bolinhas achatadas. Frite em óleo quente, mas não muito quente para não ficar cru dentro. Sirva-os acompanhados de café com leite. Fica delicioso, tanto quentinho quanto frio.

Peguei a receita com tia Marília, experimentei e deu certo. Creio que seja fácil de fazer.

3. Frango caipira ao molho

Comida dos domingos na minha infância e apreciado até hoje em minha família (irmãos). É um dos pratos que mais gosto.

Compre um frango caipira já limpo (aproximadamente dois quilos). Certifique-se de que seja de fato frango caipira. Há muitos anúncios em açougues que querem nos empurrar um frango amarelado (após um banho de corantes) como frango caipira. No mercado em Pouso Alegre, bem no fundo, há um senhor que vende frangos caipiras muito bons.

Ingredientes

Frango caipira (2 quilos) cortado em pedaços

Óleo de milho ou girassol

Cebola, alho e sal a gosto

Água quente

Preparo

Em uma panela de ferro ou de barro, coloque óleo de milho ou girassol em quantidade adequada para refogar. Se você gosta de cebola ou alho, é hora de colocá-los para dourar. Se o frango possuir gordura (amarela), coloque-a antes dos pedaços para que ela se misture ao óleo e aos temperos e o caldo fique bem amarelinho. Acrescente sal. Quando o óleo estiver quente, coloque os pedaços maiores para refogar. Quando estiverem dourados, vire-os para o outro lado e então coloque sobre eles os pedaços menores. Refogue tudo até ficar bem dourado. Quando o frango estiver dourado, acrescente água quente até cobri-lo completamente. Deixe cozinhar até perceber que a carne do frango já está macia. Prove o sal e corrija-o, se necessário. Quanto à quantidade de caldo, cada um gosta de um jeito. Eu gosto bem caldeado. Sirva com arroz branco bem soltinho. Outros acompanhamentos que ficam bem são a polenta (mole), a abobrinha refogada, o quiabo ou a mandioquinha-salsa (mandioca-baroa) refogados. Experimente e se delicie.

4. Bolo de milho verde

Parece uma coisa simples fazer bolo de milho, mas não é. O bolo que minha esposa faz é incomparavelmente o melhor de todos os que encontro por aí.

Ingredientes

18 espigas de milho bem granado (mas ainda não endurecendo)

3 ovos

2 colheres de margarina

Açúcar a gosto

Queijo mineiro ralado a gosto

Preparo

Rale bem todo o milho com um ralo tradicional (bater no liquidificador altera o sabor do milho). Passe pela peneira grossa, esfregando bem a massa para que o coração do milho também passe. Bata os ovos inteiros e misture-os na massa de milho. Acrescente o açúcar (na minha família, por herança de meu pai, tudo tem que ser bem doce) e a margarina. Junte o queijo mineiro ralado (para nós mineiros, deve ser uma boa parte: 250 gramas) e mexa tudo muito bem. Coloque na assadeira untada com margarina. Assar em temperatura moderada (180 a 200 graus). Deixe dourar bem. Teste com a ponta do garfo para ver se a massa está cozida. Sirva-o quente. É uma delícia imperdível.

5. Doce de casca de laranja

É especialidade de minha irmã Abigail. Aliás, os doces da Abigail são de deixar com gosto de quero mais. Tanto os doces de cidra, de leite, de abóbora e de figo como o de casca de laranja são muito bons mesmo. O meu preferido é o de casca de laranja, feito com a casca de laranja-cavalo, da qual é preciso tirar o seu amargo, o que exige um longo preparo depois de raspada a parte azeda da casca, trocando a água a cada oito horas, por no mínimo quatro vezes. Não sei quanto tempo na fervura, nem quanto de açúcar, mas como quero deixar uma vontade em todos os leitores de quererem provar estas especiarias, não vou dar a receita; quem quiser deverá encontrar-se com Ana Abigail e pedir a tão famosa receita. Ela vai dizer que não tem segredo, mas que tem isso tem, ou é a mão boa para doce, como afirmam muitas pessoas. Também indico a receita da Rosa, minha cunhada, para um doce de leite que só ela sabe fazer.

6. Carne de porco conservada na gordura

Citei esta comida quando falei de minha infância, mas como é algo especial torno a contar aqui. Quando éramos crianças, não tínhamos geladeira em casa, um bem precioso que só tivemos quando já adultos, aqui em Mogi Guaçu.

Na roça, quando matávamos um porco, depois de dar aos vizinhos um pedaço da carne, o que sobrava precisava ser conservado, e o mais comum era guardar as linguiças em varas de bambu em cima do fogão, de modo a ficarem conservadas pela fumaça e pelo calor, ou fazer uma porção de carne na panela (pedaços de um quilo mais ou menos) e conservá-las na gordura do próprio porco, que era guardada em uma lata de vinte litros. No dia de se comer a carne, geralmente em um domingo, pois era o único dia da semana em que comíamos carne, retirava-se a porção, chamada de posta, que era frita em uma panela na gordura que ficava impregnada na carne. Era uma carne tão saborosa, difícil de encontrarmos hoje, pois, além de ser carne de porco caipira, esse processo de conservar a carne na gordura e depois fritá-la tornava-a muito saborosa.

7. Uma boia fria especial

Já fui boia-fria, ou seja, uma pessoa que leva seu almoço em uma marmita para comê-la na roça. O que eu mais gostava era uma coisa muito simples: feijão, arroz, couve com um pouco de farinha e ovo frito em cima de tudo. Lembro-me com saudade deste prato, para mim especial. Até hoje como ovo com farinha e acho muito bom.

8. Caldo de feijão

Esta é outra comida que volto a citar. Acho que todos os sábados, íamos à casa do meu avô José Emboava rezar o terço e depois sempre tínhamos algo para comer. Podia ser um bolo de fubá feito na panela, sequilhos, brevidades ou bolachas e também biscoitos. Mas o prato mais gostoso na minha memória era o caldo de feijão, sempre comido em uma cuia (espécie de cabaça). Constava de uma colher de gordura, retirada das latas onde ficava guardada, um pouco de farinha de milho, talvez duas ou três colheres, folhas de chicória ou serralha (que nascia no meio das plantações) e feijão pagão cozido, bem quente e com caldo sem temperar, em cima das folhas, e sal a gosto. Quem gostava também usava alho amassado na gordura. É um prato delicioso e simples de ser feito, o problema hoje é encontrar as cuias e a gordura de porco. Sem elas, parece um prato sem graça.

9. Pavê delícia

Ingredientes

600 g de creme de leite

200 g de manteiga sem sal

200 g de açúcar

300 g de bolacha maisena

500 g de amendoim torrado

4 gemas de ovo

½ litro de leite aquecido

Preparo

Bata a manteiga com o açúcar até clarear. Acrescente as gemas, uma por uma, batendo sempre. Junte o amendoim e o creme de leite, misturando tudo muito bem. Unte uma forma média e coloque alternadamente uma camada de bolacha umedecida no leite adoçado e uma de recheio. A primeira camada, bem como a última, deve ser de creme. Sirva gelado.

Um dos gêneros literários que muito aprecio são os poemas. Entendo que a poesia deve por princípio mostrar os sentimentos humanos. Mesmo nas poesias realistas, ou seja, as poesias que versam sobre fatos históricos (Exemplo: *Os Lusíadas*), a emoção, a meu ver, deve estar presente. Não gosto do Concretismo e até mesmo do Modernismo. Prefiro o Parnasianismo e, de modo especial, o Romantismo.

Meu poeta preferido é Castro Alves. Ninguém foi capaz, como ele, de retratar a alma humana, em especial a dos escravos. Seus textos são de uma força descomunal. A gente vê o sofrimento dos escravos sem ter participado dos descalabros perpetrados pelos senhores escravagistas. O relato de *O navio negreiro* nos leva a sentir angústia e dor diante de tanta maldade, diante de tanta loucura praticada contra seres humanos.

Não vou copiar poesias inteiras para falar sobre as minhas preferidas, mas vou citar pequenos trechos, como exemplo da capacidade narrativa dos autores que mais aprecio.

1. *O navio negreiro*

(IV)

Era um sonho dantesco... O tombadilho
Que das luzernas avermelha o brilho,
Em sangue a se banhar.
Tinir de ferros... estalar do açoite...
Legiões de homens negros como a noite,
Horrendos a dançar.

Negras mulheres, suspendendo as tetas
Magras crianças, cujas bocas pretas
Rega o sangue das mães:
Outras, moças... mas nuas, espantadas,
No turbilhão de espectros arrastadas,
Em ânsia e mágoas vãs.

E ri-se a orquestra, irônica, estridente...
E da ronda fantástica a serpente
Faz doudas espirais...
Se o velho arqueja... se no chão resvala,
Ouvem-se gritos... o chicote estala.
E voam mais e mais...

(V)
Senhor Deus dos desgraçados!
Dizei-me vós, Senhor Deus!
Se é loucura... se é verdade
Tanto horror perante os céus...
Ó mar! Por que não apagas
Co'a esponja de tuas vagas
De teu manto este borrão?
Astros! Noites! Tempestades!
Rolai das imensidades!
Varrei os mares, tufão!
[...]
Senhor Deus dos desgraçados!
Dizei-me vós, Senhor Deus!
Se eu deliro... ou se é verdade
Tanto horror perante os céus...
Ó Mar, por que não apagas
Co'a esponja de tuas vagas
De teu manto este borrão?
Astros! Noites! Tempestades!
Rolai das imensidades!
Varrei os mares, tufão!

(VI)
Auriverde pendão da minha terra,
Que a brisa do Brasil beija e balança,

Estandarte que a luz do sol encerra...
As promessas divinas da esperança...
Tu, que da liberdade após a guerra,
Foste hasteado dos heróis na lança,
Antes te houvessem roto na batalha,
Que servires a um povo de mortalha!...

Fatalidade atroz que a mente esmaga!
Extingue nesta hora o brigue imundo
O trilho que Colombo abriu nas vagas,
Como um íris no pélago profundo!...
... Mas é infâmia de mais... da etérea plaga
Levantai-vos, heróis do Novo Mundo...
Andrada! Arranca este pendão dos ares!
Colombo! Fecha a porta de teus mares!"

2. *Vozes d'África*

Deus! Ó Deus! Onde estás que não respondes?
Em que mundo, em qu'estrela tu t'escondes
Embuçado nos Céus?
Há dois mil anos te mandei meu grito,
Que embalde desde então corre o infinito...
Onde estás, Senhor Deus?
[...]

Não basta inda de dor, ó Deus terrível?!
É, pois, teu peito eterno, inexaurível
De vingança e rancor?...
E que é que eu fiz, Senhor? Que torvo crime
Eu cometi jamais que assim me oprime

Teu gládio vingador?!
[...]

Cristo! Embalde morreste sobre um monte...
Teu sangue não lavou de minha fronte
A mancha original.
Ainda hoje são, por fado adverso,
Meus filhos – alimária do universo e
Eu – pasto universal.

Hoje em meu sangue a América se nutre,
– Condor que transforma-se em abutre,
Ave da escravidão,
Ela juntou-se às mais... irmã traidora
Qual de José os vis irmãos outrora
Venderam seu irmão.

Basta, Senhor! Do teu potente braço
Role através dos astros e do espaço
Perdão p'rá os crimes meus!
Há dois mil anos... eu soluço um grito...
Escuta o brado meu lá do infinito,
Meu Deus, Senhor meu Deus!!...

3. *A canção do africano*

Lá na úmida senzala,
Sentado na estreita sala,
junto ao braseiro, no chão,
Entoa o escravo o seu canto,
e ao cantar correm-lhe em pranto

saudades do seu torrão...
[...]

Minha terra é lá bem longe,
Das bandas de onde o sol vem;
Esta terra é mais bonita,
Mas à outra eu quero bem!
[...]

Lá todos vivem felizes,
Todos dançam ao terreiro;
A gente lá não se vende
Como aqui, só por dinheiro.

4. *A cruz da estrada*

Caminheiro que passas pela estrada,
Seguindo pelo rumo do sertão,
Quando vires a cruz abandonada,
Deixa-a em paz dormir na solidão.
[...]

É de um escravo humilde sepultura,
Foi-lhe a vida o velar de insônia atroz.
Deixa-o dormir no leito de verdura,
Que o Senhor dentre as relvas lhe compôs.
[...]

Caminheiro! Do escravo desgraçado
O sono agora mesmo começou!
Não lhe toques no leito de noivado,
Há pouco a liberdade o desposou.

Fico apenas com esses poemas de Castro Alves, que são uma amostra da intensidade de sua poesia e da grandeza de sua alma.

Muitos outros poemas me encantam: *E agora José*, de Carlos Drummond de Andrade; *IF* (SE), de Rudyard Kiplling; alguns de Gonçalves Dias, em especial quando canta: "Minha terra tem palmeiras / Onde canta o sabiá / As aves que aqui gorjeiam / Não gorjeiam como lá"; mas quero que meus leitores apreciem versos de Casimiro de Abreu, quem sabe como eu; e por isso transcrevo versos de dois poemas seus.

5. *Minha terra*

Todos cantam sua terra,
Também vou cantar a minha;
Nas débeis cordas da lira
Hei de fazê-la rainha.
– Hei de dar-lhe realeza
Nesse trono de beleza
Em que a mão da natureza
Esmerou-se em quanto tinha.
[...]

Tem tantas belezas, tantas,
A minha terra natal,
Que nem as sonha um poeta
E nem as canta um mortal!
– É uma terra encantada
– Mimoso jardim de fada –
Do mundo todo invejada,
Que o mundo não tem igual.
[...]

Quis cantar a minha terra,
Mas não pode mais a lira;
Que outro filho das montanhas
O mesmo canto desfira,
Que o proscrito, o desterrado,
De ternos prantos banhado,
De saudades torturado,
Em vez de cantar – suspira!

Tem tantas belezas, tantas,
A minha terra natal,
Que nem as sonha um poeta
E nem as canta um mortal!
– É uma terra de amores
Alcatifada de flores,
Onde a brisa em seus rumores
Murmura: – não tem rival!"
[...]

6. *Meus oito anos*

Oh! Que saudades que tenho
Da aurora da minha vida,
Da minha infância querida
Que os anos não trazem mais!
Que amor, que sonhos, que flores,
Naquelas tardes fagueiras
À sobra das bananeiras,
Debaixo dos laranjais!
[...]

Livre filho das montanhas,
Eu ia bem satisfeito,

Da camisa aberto o peito,
– Pés descalços, braços nus –
Correndo pelas campinas
À roda das cachoeiras,
Atrás das asas ligeiras
Das borboletas azuis!

Sempre gostei de poesia com rima, poucas outras sem rima me encantaram, como as de Drummond e de Kipling e estas que citei e também tomei a liberdade de copiar um trecho, pois me tocaram de modo especial e por isso quis compartilhar com meus leitores.

A inclusão em meu livro destes textos é uma homenagem a tão brilhantes autores.

Parte **4**

MEUS VALORES

(Poderia se chamar Meus Pensares)

Contém alguns artigos publicados na imprensa de Mogi Guaçu e outros que escrevi e não o foram e que trouxe para este livro, expressando aquilo que penso da vida e colocando meu ponto de vista sobre assuntos da atualidade.

A educação dos filhos talvez seja atualmente a minha maior preocupação. Não tenho medo da morte, meu filho menor tem mais de 30 anos, todos os meus filhos são saudáveis, inteligentes, bonitos e podem construir seus sonhos, desde que se dediquem a eles, pois isso eu não posso fazer por eles. Mas tenho netos, lindos, maravilhosos e com eles me preocupo, pois quero que sejam felizes e realizados na vida.

O que aprendi durante minha vida é que cada um é dono do seu destino, que cada um faz suas escolhas e que ninguém pode fazer o outro feliz, nem dar sentido à vida do outro. A cada um cabe encontrar o sentido de sua vida, pois é uma coisa absolutamente individual, faz parte do dom maior que Deus nos deu, a liberdade.

O escritor Americano William James afirma que, entre todas as criaturas da terra, só o homem pode mudar sua própria vida. Só ele é construtor de seu destino, desde que seja capaz de mudar as suas atitudes, e isso é algo muito difícil, pois está condicionado à mudança de hábito, à escolha dos valores que nos são importantes.

Dizem que o homem está sempre correndo ao encontro da felicidade. Parece-me que hoje, por uma visão distorcida, os homens estão achando que a felicidade encontra-se no ter, o que leva a uma corrida incessante em busca do dinheiro, do poder e do prazer. Acham que esses três elementos podem resolver tudo na vida. E é essa geração, com esse sentido de vida, com tais valores, que está educando as crianças de hoje. Aliás, estão terceirizando a educação.

Nestes dias de protestos pelo Brasil todo (junho a setembro/13), se eu fosse jovem, faria um protesto pedindo pai e mãe. Há muitos jovens órfãos de pais vivos.

Os pais estão terceirizando a educação, deixando os filhos para as babás, para as creches, para a tecnologia (computadores, tablets, celulares, televisões), para as ruas ou por si mesmos (sozinhos). Alguns também deixam a educação para as escolas e as igrejas. Nunca houve uma situação tão grave como a de hoje.

Doroty L. Nolte e Rachel Haris, no seu livro *As crianças aprendem o que vivenciam*, mostram que nossos filhos atualmente não nos escutam, mas estão vendo o que fazemos. Estão vendo como vivemos e ao que damos valor. E o que eles têm visto em nós? Correrias, reclamações da vida, do governo, da corrupção que campeia solta (tanto na esfera privada como na pública), da Justiça que não funciona, do Legislativo que só age em seu proveito, do patrão que vende sem nota, paga mal e explora (nem todos), da Igreja, dos impostos, das contas a pagar, etc. Temos visto na sociedade, como um todo, muita falta de fé, de perdão, de amor, de paz, de tolerância, de esperança e de verdade.

O que vêm na televisão, jornais, rádios, internet? Violência, banditismo, amor carnal, consumismo, drogas. Como resolver essa situação? Os jovens encontram uma saída: desligam-se de nós e do mundo. Estão plugados em botões, em sons, em imagens e o mundo para eles não existe. Ainda na meninice vão atrás de álcool e outras drogas. Meninas hoje bebem tanto ou mais que meninos. Sexo é praticado com 12, 13, 14 anos, sem responsabilidade, sem amor, sem cuidados e com o maior número de parceiros possíveis, com todas as consequências que sabemos, tanto de doenças sexualmente transmissíveis como de gravidez precoce, que levam filhos a terem como pais alguém que, na realidade, ainda precisa de pais e está absolutamente despreparado para educar os seus filhos.

Diz o escritor americano John Powell que se nós mostramos aos nossos filhos um mundo amplo, caloroso e belo, eles o enfrentam, são capazes de lutar, vencer e ser felizes, mas se o mundo que lhes mostramos é feio, escuro, cinza, sem graça, eles andam cabisbaixos e buscam outros caminhos que sejam coloridos, e a droga faz parte desse mundo.

Pais, é hora, aliás, já é tarde, de pararmos de querer comprar carinho, atenção e amor dos nossos filhos com coisas e presentes que às vezes nem podemos comprar, mas fazemos inúmeras prestações para adquirir. É hora de passarmos a perceber que amar exige tempo, dedicação, abraços, beijos, carinhos, passeios, programas juntos, conversas e tudo o mais que possa mostrar um mundo que valha a pena ser vivido.

Ouvi uma senhora dizer que seu filho não usa droga, e o que a preocupa é o quanto ele fica no computador. Ela disse que ele chega a ficar trinta e seis horas seguidas na internet. O meu entendimento de droga é elástico e engloba tudo o que é capaz de destruir a vida, alterar a consciência, a percepção, a participação no mundo. Dentro desta lógica, para mim aquele rapaz era um adicto.

Estou vendo essa realidade acontecer com muitos jovens e até com adultos, que não são capazes de deixar a internet, o Xbox, os tablets, o Playstation, para fazer outra coisa. Há tanta coisa boa a ser feita para que a vida seja plena e tenha sentido.

É preciso que nós pais dediquemos nosso tempo para levar nossos filhos a perceberem outras coisas que possam ativar seus cérebros, seus conhecimentos e seus interesses. Que tal sair para caminhar, pescar, construir e soltar pipas, voltar a brincar de bolinha de gude, de carrinho de rolimã, de pular corda, brincar de caça ao tesouro, andar a cavalo, andar de charrete, ir ao parque, andar na roda-gigante, fazer campeonato de corrida do saco ou corrida com o ovo na colher com os amigos. Muita coisa poderia ser feita para tirar um pouco seus traseiros da cadeira, do computador ou da frente das televisões. Parece que hoje as crianças nem gostam mais de televisão, exceto para uso da tela grande para seus joguinhos.

Aliás, as televisões não têm sido grande coisa mesmo. Hoje filme tem que ser em 4D. Filme em preto e branco? Nem pensar. Leitura não existe mais. Pintar, desenhar e fazer bola de sabão parecem coisa da pré-história. Será que estou ficando louco, pensando tudo isto? Eu sempre tenho esperança que o mundo melhore, mas me sinto preocupado com a ausência dos pais na educação dos filhos. Mandá-los para a escola ou para a igreja é muito pouco. Educar é muito mais do que isso, é ensinar valores, é viver e lhes mostrar uma crença, é ter ética em nossos comportamentos, é ser gente, respeitar o próximo, ser humano, ser fraterno, ser alguém que ajude a construir um mundo melhor. Nossos filhos estão vendo o que fazemos. Estão vendo e nós somos os espelhos nos quais miram suas vidas. Isso sim os educa. Penso que ainda é tempo. Penso que ainda é possível sermos sal e luz na vida daqueles que amamos. Não espere o mundo cuidar deles. Eles são muito importantes e merecem nossa dedicação.

A busca de um sentido para a vida

Este assunto sempre fez parte da minha vida. Dos 15 aos 17 anos estudei para ser padre e cursei humanidades no Seminário N.

S. Auxiliadora em Pouso Alegre e dos 17 aos 19 estudei filosofia em Mariana. Foi uma época em que me afligia muito essa busca do sentido de existir.

Desde criança fui educado na religião católica, e o Deus que conheci era onipresente, onisciente e onipotente, ou seja, nos seguia e nos via em tudo, em todos os lugares e, em especial, os nossos pecados. E era um Deus barbudo, carrancudo, que castigava e do qual eu tinha medo. Aos 17 anos, eu cursava o último ano de humanidades e era um leitor compulsivo. Como o seminário era em regime integral e de internato, sem encontrar a família por 5 meses de cada semestre, tinha tempo disponível para estudar e para ler. Encantavam-me muito os debates traduzidos em livros entre Tristão de Ataíde (Alceu Amoroso Lima), um católico progressista, e Gustavo Corção, um católico conservador. Estávamos no ano de 1964, início da ditadura.

No ano seguinte, eu fui estudar filosofia pura, com muitos livros escritos em latim, mas agora no Seminário Maior São José em Mariana, onde não havia reclusão, mas liberdade, quase que total. Podíamos ir e vir, desde que respeitássemos os outros alunos. Encantei-me pelo marxismo nessa época, apesar de estudante para padre. Entre os livros que li, alguns chamaram muito minha atenção, em especial *O sentido da vida*, de D. Valfredo Teppe; *De Marx a Cristo*, de Ignacce Leppe; *Os sermões*, de Padre Antônio Vieira; *A condição humana*, de André Malraux e outros. Estudava nessa época lógica, ética, metafísica, cosmologia, etc., e sempre estava presente em mim a busca de um sentido para minha existência. Um personagem de *A condição humana*, Tchen, intrigou-me muito ao dizer: "De que serve a alma, se não há Deus, nem Cristo?". Ao mesmo tempo, Padre Vieira em um de seus sermões também encantou-me ao afirmar: "Quem é esse ser tão poderoso, que mereceu de Deus Pai que enviasse seu Filho Jesus, que ao verter seu sangue na Cruz o redimiu do pecado e o salvou? Esse ser sou eu, é você que me escuta". Passei a enxergar um Deus misericordioso, salvador, um Deus que nos amou totalmente, incondicionalmente, que é sim onipotente, onisciente e onipresente, porque do contrário não seria Deus. Mas é onipotente em seu amor e perdão, é onisciente para ver que como humanos somos pecadores e é onipresente para estar ao nosso lado e nos sustentar em nossa fraqueza. A minha alma encontrara Deus e esse encontro mostrava-me que eu nasci para continuar essa obra maravilhosa da criação do mundo e da salvação dos homens. *O sentido da vida*, de V. Teppe, já me mostrara que nascemos para o alto, que as coisas materiais são passageiras, efêmeras, não são capazes de preencher o vazio de nossa existência, e os escritos do livro de Marx a Cristo já tinham me mostrado que Deus nos faz irmãos, Deus nos conduz à partilha, que não sou capaz de ser feliz se meu irmão, ao meu lado, está sofrendo, passando fome ou frio. Eu não precisava do marxismo, que me mostrava apenas a partilha da matéria, mas eu precisava de um sentido espiritual que só encontrei em Deus.

Na vivência espiritual, encontrei um sentido para minha existência. A minha espiritualidade cristã e católica vem da compreensão de que a essência da espiritualidade é haurir minha vida na fonte que é o Espírito Santo. O desenvolvimento de minha espiritualidade cristã se relaciona com as palavras e ações de Jesus, com sua doutrina, com sua obra de libertação e redenção. E para viver dessa fonte, eu preciso de caminhos que me levem a essa espiritualidade, que para mim são: meditação, quando reflito sobre minha existência e o que é importante em minha vida; oração, que é o meu momento de ligação com o meu ser Superior, Deus; o silêncio, que é o momento em que eu posso ouvir o que Deus me fala, o que quer de mim; e os cultos religiosos, ou seja, os ritos, que servem para me tirar da realidade presente, mundana, e me elevar para a realidade suprema. Todas essas formas colocam-me em contato com a fonte que nutre minha vida, que é o Espírito Santo de Deus. Compreendo e aceito outras formas de espiritualidade, mas para mim, a minha religião é o instrumento que conduz a minha vida espiritual. Sem ela, eu me sentiria fraco. Sem a religião eu não teria momentos especiais como estar em comunidade, em comunhão (onde dois ou três estiverem reunidos em meu nome, eu estarei no meio deles). Sem participar dos ritos eu não receberia a comunhão, que me alimenta, fortalece e sustenta na caminhada, diante das dificuldades. Sem participação na Igreja, eu não teria oportunidades como tive de ouvir D. Irineu Danelon afirmar que se comungamos o corpo de Cristo, mas não nos importamos com o irmão que está ao nosso lado, sofrendo, passando fome, sendo injustiçado, foi em vão o alimento que recebemos, não entendemos nossa missão. Só quem frequenta os cultos, os sacramentos, ouve a palavra de Deus, experimenta em sua vida a bênção de Deus e percebe o sentido da existência: nascemos para as coisas do alto. A matéria é passageira, efêmera, não nos preenche, mas o espírito é eterno. A eternidade é que nos leva à busca de um sentido para a vida.

Trabalho voluntário

Hoje o que mais me traz alegria, além da minha família, especialmente filhos, netos, irmãos e sobrinhos, é poder trabalhar como voluntário. Deixo de lado todos os demais compromissos, mesmo aniversários de parentes muito próximos, e até mesmo meu aniversário, para poder estar presente nas reuniões do Amor-Exigente às quintas-feiras, no Salão Paroquial da Igreja do Rosário (Capela), em Mogi Guaçu.

As pessoas que não trabalham como voluntárias de algum movimento não sabem o que estão perdendo. Esse dia é para mim o melhor de todos da semana. Recebo muito mais do que eu levo. Volto sempre reabastecido, por ter podido colaborar, minimamente que seja, para aliviar a dor de alguma família que está enfrentando problema com dependente químico ou usuário abusivo de álcool e para que essas famílias possam perceber que têm saída para seus problemas, que dá certo se seguirem aquilo que o Amor-Exigente propõe: que é possível viver melhor, encontrar um sentido para nossas vidas, apesar dos problemas, e que dá certo.

Nossas reuniões começam sempre com as saudações: "Boa Noite. Como vai você?". A resposta é: "Cada vez melhor". E seguimos saudando: "Você sabe que dia é hoje?". "Hoje é o primeiro dia de minha nova vida", respondem todos.

Como é bom ouvir essas respostas!

Vamos às reuniões para viver melhor, vamos às reuniões para viver uma nova vida. Ora, se não mudarmos nossos comportamentos, nossas atitudes, nosso modo de ver a vida, continuaremos com a mesma vidinha de sempre. Para termos resultados diferentes daqueles que temos colhido, só é possível se mudarmos. E ao fazer de hoje o primeiro dia de minha nova vida, percebo que posso agir de outro modo, pensar de outro modo, fazer coisas que não tenho feito, e assim posso viver melhor, obtendo resultados melhores e sendo mais feliz.

A coisa mais importante que Deus nos dá é a liberdade de podermos escolher o que queremos fazer de nossas vidas. E não podemos deixar a nossa felicidade nas mãos de quem quer que seja. Eu escrevo o meu destino, eu quero viver, eu quero ser feliz. Você também pode.

O trabalho voluntário me ensinou isso. E quem permanece por um ano no Amor-Exigente transforma-se em uma nova pessoa, muito melhor que antes e muito mais feliz. São no mínimo cinquenta reuniões por ano que só nos trazem bem-estar, prazer, alegria, apesar dos problemas.

E você que está lendo estas palavras, o que está esperando para se tornar um voluntário? Há muita gente precisando de ajuda, mas pode ter certeza de que como voluntário você é que receberá ajuda. Que adianta ficarmos sentados, reclamando do mundo, de tudo? Façamos a nossa parte e o mundo será muito melhor; ou continuará como está, se nada fizermos, ou até mesmo poderá ficar pior e nossas reclamações aumentarão e seremos mais infelizes.

É tempo de tomar uma atitude para fazer deste mundo um lugar melhor para vivermos. É tempo de termos novos comportamentos, para termos resultados diferentes daqueles que estamos tendo. O Amor-Exigente dá certo, funciona, como diz Dona Mara e o Padre Haroldo completa: "Medo nenhum".

Fazendas da Esperança

É admirável a obra fundada por frei Hans Stapel e Nelson e continuada por tantos. Ouvir as pregações do frei Hans, bem como do padre Márcio, é uma bênção, pois sempre nos levam ao encontro da Divina Majestade. Só mesmo a mão de Deus pode construir uma coisa tão bonita como a Fazenda da Esperança, ou melhor, as Fazendas da Esperança, porque são muitas, espalhadas por todo o mundo. Hoje são mais de cem.

Em todas as Fazendas da Esperança que conheço, sinto a presença do altíssimo. Os locais são sempre maravilhosos, mostram harmonia entre o céu, a terra e os homens ou mulheres que lá estão em busca de sobriedade e por aqueles que exercem seu apostolado. São pessoas especiais, iluminadas por Deus e iluminadoras deste mundo.

Não posso dizer que as pessoas que lá vivem exercem um trabalho, porque chamo o que fazem de apostolado. Lá o evangelho é vivido, a boa-nova é levada a todos que a frequentam ou que lá residem e o respeito ao ser humano é vivido em sua plena dimensão.

Apesar de serem centros de recuperação de dependência por uso ou abuso de álcool e outras drogas, o que nos levaria a pensar em brigas, desentendimentos, confusões, mentiras, manipulações; o que encontramos naquele lugar é paz, trabalho, oração, convivência pacífica, entendimento, perdão, cooperação, solidariedade e amor. Existem dificuldades, mas são resolvidas pelo amor.

E de onde pode vir isso? Somente da graça de Deus. Não há outra explicação.

Rapazes ou moças, ou mesmo adultos lá internados, saíram de situações destruidoras de suas vidas. Alguns viviam nas ruas. Outros estiveram presos. Muitos fizeram de tudo para conseguir o que queriam: drogas. Quase todos já não acreditavam mais em Deus, ou melhor, não acreditavam em mais nada. Para a maioria, a vida já não tinha sentido e a procura de uma comunidade terapêutica foi sua última esperança.

Vê-los convivendo em harmonia, apesar das dores e angústias e das diferenças, vê-los louvando ao Criador, só pode ser um dom do Espírito Santo de Deus.

Imaginar que nas fazendas as famílias contribuem apenas com uma entrada financeira no dia da internação e, depois com um salário mínimo por mês, que ainda retornam para suas casas trazendo uma cesta dos produtos feitos por seus filhos ou entes queridos, é acreditar no milagre, que podemos chamar de multiplicação dos pães.

Saber que as Fazendas da Esperança, com tão pouco, conseguem tanto, nos faz acreditar que é possível salvar nossos jovens. As Fazendas da Esperança já são mais de cem em todo o mundo e contam com mais de 3.500 leitos para oferecer aos dependentes que quiserem encontrar uma vida nova, um jeito novo de viver, em paz, em sobriedade, com esperança de uma vida nova, vivendo a cada dia a palavra de Deus que é o sustentáculo na caminhada, fazendo unidade e deixando o Cristo agir no coração de cada um.

Governos fazem tão pouco com muito. As Fazendas da Esperança fazem o muito com tão pouco. Obra de Deus, abençoada.

✤

Amor-Exigente

Agradeço imensamente, de coração transbordando, às pessoas que encontrei no Amor-Exigente, em especial: padre Haroldo, Mara Menezes, Liane Castrilon (já falecida), Carlos Alberto, Maria Helena, Magalhães, Luiz Fernando, Adilson e tantas outras pessoas que não cito em virtude do sigilo que é um dos nossos princípios éticos. Cito os dirigentes, pois seus nomes são conhecidos.

São pessoas iluminadas por Deus e transmitem um raio de luz no nosso caminho para percebermos por onde caminhar, quando enfrentamos o problema de dependência em família. São anjos que Deus colocou em nossos caminhos. Agradeço também a todas as pessoas que encontramos no Amor-Exigente nas salas de palestras e de partilhas, tanto em Mogi Mirim como em Limeira, Campinas e, especialmente, em Mogi Guaçu.

A quinta-feira é o dia especial de nossas vidas, quando fazemos nosso trabalho voluntário, há quase 20 anos, com familiares de dependentes químicos.

Aprendemos no AE que primeiro temos de cuidar de nós mesmos, antes de querermos ajudar a outros. A velha máxima é verdadeira: ninguém dá o que não tem.

Aprendemos no AE que a cada dia eu posso fazer um novo dia na minha vida, ou seja, posso mudar o rumo da minha história, posso fazer novas escolhas, ter novas atitudes, para obter novos resultados.

Aprendemos que se continuarmos tomando as mesmas atitudes, só poderemos ter os mesmos resultados. Não é possível ter resultados diferentes, fazendo sempre as mesmas coisas.

Aprendemos que na nossa vida não podemos dar a outra pessoa o direito de nos fazer feliz ou infeliz. Sou eu, a cada dia, que faço minhas escolhas, para o bem ou para o mal, escolho o certo ou o errado, escolho ser feliz ou ser infeliz.

Aprendemos no AE que uma longa caminhada começa por pequenos passos e nos instigamos a atingir metas, que nos colocamos semanalmente, de modo a podermos viver melhor.

Aprendemos no AE que o passado não move montanhas, que nos culpar pelos erros do passado em nada vai ajudar a enfrentar as dificuldades do presente. Aprendemos que a culpa nos paralisa e em nada nos ajuda.

Aprendemos que falação de nada serve para o dependente. Um dependente químico ou abusador de álcool não ouve o que falamos. O que pode ajudá-los não são os conselhos, o que falamos, os nossos gritos, as nossas dores, mas as nossas atitudes. E que para tomar atitudes, é preciso primeiro acreditar nelas e vivê-las.

Antes de tomar uma atitude, eu preciso estar preparado para enfrentar crises e saber administrá-las. Aprendemos que crise é oportunidade para mudança e para novos resultados.

Aprendemos que nossa vida precisa ser vivida em plenitude, uma vida que valha a pena, para que alguém possa se interessar em viver pelo nosso exemplo, se quiser.

Infelizmente os pais têm levado muita desesperança para a vida de seus filhos. O saudoso Papa João Paulo II disse isso na Praça do Vaticano, no ano 2000, no encontro com as famílias: "A falta de esperança que os pais transmitem aos seus filhos lhes pode causar tanto mal como as drogas". Quantos jovens se perdem por não encontrar um sentido para suas vidas, porque a vida de seus pais não tem sentido, é uma vida sem valores, sem amor, sem perdão, sem fé, sem esperança, sem paz.

É muito interessante a parábola do filho pródigo, que nos mostra aquele filho que ao se encontrar na miséria humana, humilhado, maltratado, desprezado, olha para trás, vê a casa de seu pai e diz: "Vou voltar para a casa de meu pai, pois lá até os empregados são melhor tratados que eu". Ele só volta porque a casa de seu pai o atrai, porque na casa de seu pai coisas boas acontecem, porque na casa de seu pai há paz, há amor, e assim é que ele é recebido.

O Amor-Exigente quer isso dos pais, que vivam de forma que atraiam os seus filhos, que mostrem a eles que não há necessidade de usarem drogas para serem felizes. Os pais são espelhos nos quais os filhos veem a vida. Os pais são o farol a guiá-los e onde eles podem, quando quiserem um porto seguro, encontrá-los, pois pais não abandonam seus filhos.

A paz e a felicidade

Muitas pessoas desejam paz e felicidade e as procuram no dinheiro, no poder, no prazer e no ter coisas. São pessoas que olham para si mesmas e são incapazes de perceber que a paz e a felicidade não se encontram nas coisas materiais.

As coisas deste mundo, tangíveis, mensuráveis, não nos podem levar à paz e à felicidade, pois o homem foi criado para as coisas do alto, para o infinito.

Sinto falta de paz ao ver propagandas de cachorros, gatos, cavalos, bois, etc. sendo tratados como reis (ração especial, banhos com *shampoo*, vestimentas de grife), em que há tudo do melhor e de outro lado vejo mães esquálidas tentando amamentar seus filhos, com um leite que não têm em seus seios murchos, caídos, magrelos; bem como crianças nuas, atacadas por mosquitos, com rostos tristes, de quem não tem futuro, já que o presente para elas é torturante. Como podem esperar um futuro melhor?

Sinto ausência de paz quando vejo jovens, crianças e velhos abandonados pelas ruas, deformados pelos vícios, amorfos, silentes, sem aspecto humano, tão desprezíveis e desprezados, que estão ali como se não estivessem. Vejo que lhes falta tudo: amor, respeito, educação, saúde, alimento. Vejo a falência da sociedade, incapaz de entender que são pessoas e não animais, pois se o fossem seriam mais bem tratadas.

Sinto que não há paz e felicidade quando assisto televisão mostrando programa com "ricas e famosas" que têm tudo, menos dignidade, compaixão e humanidade. Lembro-me de um filme dos anos 60 (*Mundo cão*) que previa este futuro para a humanidade. Um futuro que hoje está presente, porque ricos ficaram mais ricos e pobres, mais pobres. E esses ricos e famosos afrontam a pobreza, pois não sabem o que é não ter o que comer, passar fome e frio, não ter condições de aliviar a dor e o sofrimento.

Não haverá paz enquanto nas reuniões dos poderosos, G7, G20, a preocupação for tão somente para salvar e aumentar a riqueza dos poderosos e não para tirar da fome os miseráveis; nem provê-los de saúde e educação.

Não haverá paz enquanto todo dia a corrupção grassar em nossa sociedade, à custa do dinheiro que poderia socorrer pais desesperados, que não têm como prover seus filhos, que poderia ser utilizado para a implantação de escolas decentes, para atenção à saúde de tantos que morrem tão cedo sem ter vez nem voz.

Não haverá paz enquanto desesperados em todo o mundo fogem de seus lares para se refugiarem, porque governos inescrupulosos só pensam em si mesmos, no seu poder, sob os olhares complacentes daqueles que detêm a capacidade de fazer alguma coisa e nada fazem.

Não haverá paz enquanto religiões se digladiarem, fazendo-se únicas possuidoras de um Deus verdadeiro, sendo capazes até de matar os que são de outra religião, como se Deus pudesse ser possuído por donos. Próprios das religiões seriam o perdão, a convivência pacífica, o amor, o respeito ao outro, mesmo que diferente de mim.

Não haverá paz enquanto meninas precisarem se prostituir, para poder comprar uma boneca ou para ajudar no sustento do lar. Não haverá paz enquanto mulheres forem exploradas sexualmente por gente sem escrúpulos, que só pensa no prazer.

Não haverá paz enquanto as pessoas forem obrigadas a trabalhar como escravas. Não haverá paz enquanto qualquer ser humano for explorado por outro ser humano.

Não haverá paz enquanto continuarmos comungando o pão eucarístico, na hóstia consagrada, mas não nos importarmos com o irmão que passa fome, que está caído na sarjeta, que está precisando de socorro e pedindo nossa ajuda, mas nós passamos ao largo.

A paz com que sonho não é aquela apenas da ausência de guerras, mas aquela que é resultado do amor, da compaixão, da misericórdia. Paz que é sinônima de justiça, de fraternidade, da não aceitação de ver ao meu lado alguém passando fome, frio, sede, alguém sem esperança em seu coração.

A paz que quero é a de ver meninos sorrindo, não por estarem usando uma droga, com aquele sorriso triste que logo será transformado em dor. Mas é a paz fruto de uma boa educação, de uma família amorosa, sadia, que tem condições físicas, psíquicas e financeiras para buscar alívio para suas dores e angústias.

A paz que me fará feliz é aquela de ver pais educando seus filhos no amor, na fé, na esperança, na alegria, no diálogo, educando-os para serem cidadãos responsáveis, livres e respeitados, educando-os e mostrando-lhes um mundo que pode ser melhor.

A paz com que sonho é a que permita ver cada pai e mãe sorrindo por poder dar abrigo, moradia, alimento e saúde, sustentando suas casas, transmitindo valores, alegria e esperança para seus filhos, de modo que eles possam brincar e sonhar, certos de que terão um futuro seguro de amor e concórdia.

Temo estar muito longe dessa paz e de não senti-la em meus dias de vida, porque aqueles que detêm o poder cada vez mais pensam em si mesmos e tornam este jogo da vida um "salve-se quem puder". Os mais fracos continuarão sendo abatidos e seu sangue alimentando os mais fortes, para que detenham mais poder, mais riqueza, mais coisas, sem limites, cada vez mais. Penso que até sentem prazer nisso, sentem-se gloriosos, admirados, vencedores.

Todos, todos mesmo, sem exceção, somos responsáveis por construir um mundo onde reine a paz e onde nossos filhos e netos possam ser felizes.

Se quisermos, e cada um de nós fizer a sua parte, o mundo poderá ser melhor. Esta decisão foi tomada por Mahatma Gandhi, por Nelson Mandela, por Zilda Arns, por irmã Dulce, por madre Tereza de Calcutá, por Martin Luther King, por padre Haroldo, por frei Hans, por Nelson, por Mara, por Liane e por tantos outros. E você, o que está esperando?

Um dia, quem sabe, aqueles que exploram e abusam dos seres humanos e da vida pedirão misericórdia por tanta desgraça que causaram, mas talvez seja tarde. Não desejo que a justiça se faça pelas mãos dos oprimidos. Mas até quando suportarão?

A paz por mim sonhada significará felicidade para os seres humanos. Não penso que seja necessário sermos todos iguais. Somos diferentes. Mas todo homem merece viver com dignidade e, para mim, viver com dignidade é sinônimo de viver em paz e ser feliz.

"Annuntio vobis gaudium magnum: habemus papam". Jorge Mario Bergoglio – Papa Francesco

Sou católico, apostólico, romano. Foi com imensa alegria que escutei o anúncio da eleição do novo papa. Como católico escrevo este livro e por certo vou divergir de muitos padres, por isso peço-lhes compaixão. Frequento diversas igrejas de nossa cidade e minhas observações referem-se ao que vejo.

A eleição de Bergoglio foi uma agradabilíssima surpresa, particularmente depois de Bento XVI, que parecia continuar sendo teólogo e não papa, mas foi capaz de um grande gesto: o de renunciar. Torci pelo ganense Turkson, pelo filipino Luis Tagle e também por Gianfranco Ravasi, mas sentia que o mais forte era Angelo Scola. Torci e rezei para que os aliados de Tarcísio Bertone não fossem escolhidos, e tenho esperança que o Papa Francisco substitua logo esse pessoal, para que a Igreja, composta de homens santos e também de pecadores, caminhe rumo à santidade com todas as suas forças. O Papa Francisco tem-se mostrado um santo, um humilde servo de Deus. Tem procurado dar novo rumo à Igreja.

Padre João Paulo disse em uma homilia que o novo papa não veio para fazer nossa vontade. Sua missão é fazer a vontade de Deus, iluminado pelo Espírito Santo. Jesus não fez a sua vontade e nem a vontade dos homens de seu tempo, mas fez a vontade do Pai, que o enviou para nos salvar. E não foi fácil. Teve que suportar o martírio. Como pessoas humanas, temos nossas vontades de mudanças e sobre as quais penso e aqui escrevo.

Queria ver padres bem formados, que transmitissem mensagens inspiradoras para seus fiéis, que soubessem português, concordância, singular e plural, significado das palavras. É preciso que tenham conteúdo. Literatura não lhes falta: santos Agostinho, Tomás de Aquino, Tereza D' Ávila, João da Cruz, João Crisóstomo, Inácio de Loiola, Francisco de Assis, Padre Vieira, Rita de Cássia, Terezinha de Jesus e tantos outros têm lições fantásticas em seus escritos. Há padres que deveriam voltar para o seminário para estudar e melhorar suas prédicas. Seminaristas despreparados e sabidamente sem vocação não deveriam ser ordenados sacerdotes.

Gostaria que as pregações tivessem princípio, meio e fim e fossem curtas. Disse certo frei, na TV, que por cinco minutos o povo escuta, aos dez estão olhando para o teto e aos quinze minutos de pregação ninguém está mais interessado e as conversas paralelas tomam o lugar das palavras do sacerdote. É preciso ser exímio pregador para ter a atenção do povo por mais de quinze minutos e conheço muito poucos com essa capacidade, creio que no máximo dez na minha vida de cristão.

Que jovem menor de 20 anos, nascido digital, que só gosta de botões, sons e imagens, aguenta uma pregação por mais de quinze minutos e uma missa de mais de uma hora? Os avisos são repetidos duas ou três vezes, como se fôssemos surdos ou não tivéssemos capacidade de entendê-los. Os cantos pós-comunhão são longos e quase sempre não entendemos o que é cantado (palavras). Alguns cantos são sem sentido, sendo impossível saber o que significam. Outros são feios. Para as igrejas que assinam o jornal da missa, os folhetos já trazem comentários bem-feitos. Por que fazer outros tão longos e malfeitos? A distribuição da Eucaristia não obedece a um rito mínimo. Há ministros que vão com camisas de mangas curtas, por fora da calça, enquanto outros vão paramentados, de ternos, etc. É muito estranho, a meu juízo. Sei que os que ajudam têm muito boa vontade, mas na casa de Deus precisam observar a liturgia do cargo.

Entristece-me muito ver padres e pastores na televisão falando mal de outra igreja. São Paulo, na carta aos Romanos, diz: "Porque não há distinção de judeu e de grego: posto que um mesmo é o Senhor de todos, rico para todos que o invocam. Porque todo o que invocar o nome do Senhor será salvo". Quando os apóstolos questionaram Jesus por que pessoas estavam curando, benzendo, Jesus lhes disse: "Se estão fazendo o bem, agindo com fé, em nome de Deus, deixai-os agir". É preciso entendimento, conversação e misericórdia de todos e por todos. Afinal um mesmo é o Senhor nosso Deus.

Propostas de um leigo para uma Igreja renovada[1]

O Papa Francisco nos dá um exemplo de tolerância ao conversar, trocar ideias e respeitar um rabino judeu, a quem considera amigo. A união a um só Deus só acontecerá com tolerância. Tudo o que critico na minha igreja, existe também nas outras igrejas cristãs ou não cristãs, como pedofilia, despreparo, desonestidade, ganância, exploração, mentiras. Somos humanos, portanto falhos, mas nossa vocação é para a santidade. O meu Deus veio para salvar a todos e disse que nos assustaremos ao ver prostitutas no céu. É nosso dever não ficar apontando o dedo para os outros, mas olhando para nosso coração, pedindo misericórdia de Deus por nós e por todos.

Gostaria de ter pastores mais simples, com carros condizentes com os de sua comunidade, que fossem mais disponíveis, pois é difícil sabermos onde encontrá-los para sermos atendidos, aconselhados, confessarmos. Quantas pessoas sentem-se desesperadas e não têm com quem conversar e as igrejas estão fechadas em horários normais.

Gostaria de pequenas mudanças na Igreja e proponho, apesar da minha insignificância e sabedor, que é a hierarquia da Igreja que deve decidir por suas reformas.

A) Maior participação das mulheres, com poder para fazer batizados, casamentos, exéquias e outras missões. Temos um contingente muito grande de freiras, pouco utilizadas na missão de evangelização (tão em falta no mundo de hoje).

B) Mudanças no rito para anulação de casamentos, passando isso para um Tribunal Diocesano, composto por padres, advogados e profissionais que cada caso exigisse. Fico entristecido com o tratamento dado aos casais de segunda união.

C) Mudanças no sacramento do matrimônio. Quem quisesse receber o sacramento e assumir compromisso de indissolubilidade, faria um curso de formação de pelo menos quinze noites; quem não quisesse, teria apenas uma bênção, sem os juramentos de hoje, que pouco estão servindo. A maioria dos casamentos é apenas um ato social, sem nenhum sentido cristão, em que os noivos não sabem o que estão fazendo. São casamentos nulos na sua origem.

---

1. Este artigo foi escrito por mim e publicado em jornal local pouco tempo depois da eleição do papa, e hoje sinto-me feliz com as atitudes que esse papa tem tomado.

D) A Igreja precisa refletir muito sobre o desenvolvimento e a pesquisa com células-tronco, estabelecendo um código de ética, pois, queira a Igreja ou não, as pesquisas estão acontecendo e com cientistas respeitáveis.

E) A Igreja deveria pensar muito sobre o uso de preservativos, especialmente a camisinha. Jovens católicos praticam sexo, sem nenhuma dor de consciência, como a coisa mais normal do mundo e, às vezes, ainda na adolescência. Não entendem isso como pecado. Essa é uma realidade para a qual não podemos fechar os olhos: pais deixarem seus filhos e filhas dormirem juntos em suas casas com suas namoradas e namorados, por entenderem ser mais seguro, mas nem sempre têm coragem de dialogar seriamente com eles. Sexo e drogas são tabus ainda hoje. Para muitos, álcool e maconha não representam problemas, o que é um grande equívoco. A educação plena para o respeito, a ética, o amor, o compromisso, está falhando muito. Diálogo quase não há.

F) A formação dos pastores deveria ser melhorada. No meu tempo de seminário, tínhamos muito tempo de formação e quase nenhuma vivência junto ao povo. Hoje vejo o inverso e creio ser necessário equilíbrio. Não dá para ser pastor sem alguns conhecimentos pelo menos rudimentares de latim, grego, hebraico e aramaico, além do português, para compreender melhor a Bíblia Sagrada. Não é possível que um pastor não conheça a base aristotélico-tomista que norteia a filosofia católica. Quase nada sei de teologia, mas um sacerdote para ter um conteúdo substancial em suas pregações precisa ter lido alguns doutores da Igreja, que são mais de trinta, alguns especiais como Tomás de Aquino, Santo Agostinho, São João da Cruz e Antônio, além de conhecer as histórias de vida de Santa Rita, Santa Mônica, santas Tereza D'Ávila e Tereza do Menino Jesus. Proponho ainda que, antes da ordenação, os seminaristas passassem por testes de conhecimentos e por avaliação psicológica e fossem mais questionados quanto à escolha da vocação sacerdotal.

G) Gostaria de ter pastores mais disponíveis para suas comunidades. São tantas as pessoas desesperadas hoje, que não têm com quem falar, que não deveria haver dia sem atendimento pastoral. Sonho também com o dia em que as igrejas façam festa sem álcool, a pior droga de nossos dias. Não adianta falarmos em drogas se não dermos o exemplo.

H) Quero deixar claro que sou contra o casamento de sacerdotes. A vida de casal nos leva à indisponibilidade para o serviço pastoral. Mas aqueles que quisessem se casar poderiam tomar esta decisão e serem acolhidos nas igrejas como diáconos, prestando relevantes serviços para suas comunidades.

O Papa Francisco esteve no Brasil falando sobre a Igreja de Cristo e a santidade para milhares de jovens. Dirigiu sua mensagem aos sacerdotes para que saiam para as periferias e procurem o povo de Deus; deu demonstrações de despojamento e de entendimento com outras religiões. É uma bênção de Deus sobre todos nós. O Espírito Santo de Deus está pela boca de Francisco trazendo palavras de sabedoria, fé e esperança. Que Deus abra nossos corações e que cada bispo ou sacerdote deixe de pensar que consigo está tudo certo e que os outros é que precisam mudar. Todos nós temos de mudar a cada dia, para podermos ser melhores, para compreendermos a vontade de Deus e sabermos nossas responsabilidades.

Peço perdão pela minha sinceridade e não quero magoar quem quer que seja, apenas quero ver nossa Igreja florescer e brilhar, atraindo esta juventude que anda tão sem rumo.

O mundo é belo, a vida é bela, cabe-nos mostrar-lhes o seu encanto, mostrarmos entusiasmo pela vida, o que significa vivermos em Deus.

"Dominus tecum" Papa Francisco

Sou um grande pecador, mas não desisto da misericórdia de Deus. Assim, entre minhas orações de todas as manhãs, junto ao meu pedido de perdão, de bênção, de libertação, de socorro, de paz para todos, peço que Deus Pai derrame os dons do Espírito Santo, especialmente de sabedoria, fortaleza e entendimento sobre os dirigentes da Igreja.

Não faz muito tempo, escrevi dois artigos: "Annuntio vobis gaudium magnum", sobre a eleição do papa, e "Propostas de um leigo para uma Igreja renovada". Manifestei-me sobre a agradabilíssima surpresa por ver que a eleição de Francisco estava trazendo um novo rumo para a Igreja, especialmente pelo seu dom de tolerância e por sua simplicidade cativante. Referi-me à necessidade de renovação da Cúria Romana, à necessidade de maior participação das mulheres na Igreja, sobre uma nova postura da Igreja em relação aos casais de segunda união, sobre a necessidade de a Igreja refletir mais sobre as pesquisas com células-tronco e sobre o uso de preservativos, como também sobre a melhor formação dos sacerdotes, a maior disponibilidade dos pastores para com a comunidade e me manifestei contrariamente ao casamento dos sacerdotes.

Neste diminuto tempo do Pontificado de Francisco, muitas mudanças já aconteceram. A Cúria Romana foi alterada, assim como a direção do Banco do Vaticano. O papa mudou-se para aposentos mais simples, trocou seu carro por um menor, busca viver a pobreza franciscana.

Francisco falou claramente e pediu perdão pelos casos de pedofilia havidos na Igreja, determinou que sejam apurados e julgados. Determinou que os pastores vivam mais próximos do povo. Visitou tantos lugares, quebrou várias vezes o protocolo, foi ao encontro do povo sem mostrar medo por sua segurança, tão certo está de que sua vida está nas mãos de Deus. Dá-nos exemplo de tolerância, de amor pelos excluídos, mostra-nos ser um homem de Deus e com isso traz esperança de renovação para a Igreja e atrai muitos para Deus. Vive o que prega.

Agora, em sua visita à Terra Santa, todos nós vimos quantas atitudes na busca pela paz, tratando israelenses e palestinos com todo o respeito e conclamando-os ao entendimento.

Artigo publicado pelo jornal *Estadão* destaca que após encontro com o patriarca grego Bartolomeu I, em entrevista, deixou claro ser possível haver mudança na regra do celibato dos sacerdotes, pois: "Não sendo um dogma de fé, sempre está a porta aberta". Não vamos pensar que com isso estará resolvido o problema da pedofilia. Há muitos pedófilos casados e esta é uma situação muito complexa na Igreja e no mundo. Creio que candidatos ao sacerdócio devam ser mais bem acompanhados, para que tais desvios de conduta possam ser percebidos.

Falou sobre a unidade das igrejas e, como um simples leigo, obediente à Igreja, passo a entender a necessidade da possibilidade do casamento pelos sacerdotes, pois esse é um aspecto importante para que igrejas de diversas denominações, como a Ortodoxa, a Anglicana e outras, possam chegar a um entendimento de unidade. Temos um mesmo Deus e Senhor e nossas diferenças são muito pequenas para estarmos separados. Nossa unidade poderia começar por encontros ecumênicos de oração e louvor, tanto em uma igreja como em outra.

Sobre a vida de casado para sacerdotes, penso não ser fácil e também que diminuirá a disponibilidade deles para o serviço de Deus e lhes trará todos os problemas inerentes à vida do casal e da educação dos filhos. Mas, por outro lado, trará aos pastores um conhecimento e uma compreensão muito maior das dificuldades enfrentadas pelos seus fiéis.

Questionado sobre mudanças na exclusão da comunhão dos divorciados que se casam novamente, o papa respondeu que o Sínodo da Igreja de outubro próximo (ocorrido em 2015) deverá refletir sobre isso e foi além dizendo: "É preciso esclarecer que os divorciados não estão excomungados e muitas vezes são tratados como se estivessem". Não podemos continuar tratando-os como católicos de segunda classe.

Penso também que a Igreja deveria refletir sobre o rito da confissão. Os jovens de hoje sentem-se constrangidos de fazer confissão cara a cara e só a fazem os que participam de algum movimento da Igreja. A confissão comunitária deveria ter valor pleno e não que o sacerdote, ao final dela, diga aos católicos que deverão na próxima vez fazê-lo diante do sacerdote. Nós, mais velhos, gostamos da confissão frente a frente, pois nos permite uma orientação individual, mas os jovens não se dispõem a isso. Com tantos meios de comunicação, é possível termos outras formas de obter orientação, seja orientação teológica, moral, ética, espiritual.

Sinto que toda a Igreja Católica está alegre com o papado de Francisco. Que a Igreja mostra-se revigorada. Que mesmo os não católicos estão sendo atraídos para Deus e é isso que importa.

Que o Senhor Deus o dirija, que o Espírito Santo o ilumine e que o Papa Francisco viva com saúde e paz, para poder realizar sua missão. "Dominus tecum". O Senhor esteja contigo.

Houve um tempo

Houve um tempo em que as pessoas tinham tempo para conversar e todos prestavam atenção ao que se falava, pois não havia um *smartphone*.

Houve um tempo em que as pessoas se visitavam e ajudavam umas às outras.

Houve um tempo em que se podia olhar o céu sem poluição e ver a lua e as estrelas de um brilho tão intenso que nos inebriavam.

Houve um tempo em que as crianças podiam brincar na grama dos campos, colher fruta direto nas árvores, nadar nos riachos límpidos, beber água nas corredeiras.

Houve um tempo em que os pais tinham tempo para seus filhos, os filhos respeitavam os pais e os pais conheciam os filhos.

Houve um tempo em que as figuras do juiz, do delegado, do padre e do professor eram respeitadas, por serem consideradas pessoas sagradas e admiradas.

Houve um tempo em que havia tempo para rezar, louvar e agradecer a Deus e pedir suas bênçãos.

Houve um tempo em que se podia dormir com janelas abertas, em que as casas não tinham muros altos, cercas elétricas, interfones, portões com comando eletrônico ou cães de guarda.

Houve um tempo em que os rios tinham peixes e pescar trazia uma alegria imensa.

Houve um tempo em que podíamos cultivar os amigos e a pressa não fazia parte de nossas vidas, porque as coisas importantes vinham em primeiro lugar.

Talvez um dia, possamos encontrar a felicidade que tanto almejamos nas coisas mais simples que estamos deixando passar, sem perceber, pois esquecemos o que é essencial.

Houve um tempo em que éramos felizes sem internet, sem iPad, sem iPhone e até mesmo sem televisão e telefone.

Mudou o tempo? Sim, os tempos são outros, mas também mudamos nós.

Podem chamar isto de saudosismo, mas que era bom... isso era.

"Brasilien: ein land der zukunft" (S. Zweig)[2]

Quando Stefan Zweig, nascido em Viena, teve esta sua obra publicada em 1941, um ano antes de sua morte em Petrópolis, talvez acreditasse que nós brasileiros estaríamos dispostos a lutas, sacrifícios, trabalho árduo e incessante para chegarmos a um futuro brilhante, pois esta era a marca dos imigrantes que aqui chegavam.

Entretanto o Brasil é um país muito jovem: só tem 516 anos. E a juventude permite, aos que estão nessa idade da vida, assumir riscos, fazer experiências que podem dar certo, dar mais ou menos ou dar errado. Enfim, na juventude podemos ser inconsequentes.

A falta de responsabilidade também faz parte dessa fase e sempre temos um pai, uma mãe, ou avós prontos a nos socorrer. Consertam o carro que batemos, compram outro celular para substituir o que perdemos e muito mais que isso: nos dão casa, comida, roupa lavada, pagam o nosso lazer sem que tenhamos feito qualquer coisa que seja para merecer isso. Não lavamos os pratos em que comemos, deixamos a roupa suja jogada em qualquer lugar e mesmo o cocô do nosso cachorro não recolhemos.

Chegamos a fazer algumas experiências desastrosas e alguns gostam até de erva, de pó ou de pedra.

Nosso país já passou pela escravidão, já fez uma revolução (1964) salvadora da pátria para os de direita, ditadura para os de esquerda e até fez experiência de eleger um analfabeto para presidente (e ele se gaba disto), que até foi bem no primeiro governo, mas que se deslumbrou pelo poder e no segundo mandato resolveu cuidar de si e dos seus (agora é a nossa vez, como dizem muitos políticos). E, por fim, elegeu uma sucessora (tem gente capaz de eleger até um poste) que resolveu experimentar uma nova matriz econômica e deu no que deu.

E nosso pai (Portugal), nossa mãe (África) e nossos avós (os índios que aqui habitavam) resolveram não mais nos socorrer e pagar nossos experimentos desastrosos.

---

2. "Brasil: país do futuro", artigo escrito em 2016.

Entretanto nosso país é jovem. Os países desenvolvidos e que admiramos contam com 2.500, 3.000 anos ou mais de existência, e nós só temos 516 anos.

Sou muito otimista e acho que daqui a 484 anos chegaremos à maturidade. Quem viver verá o nosso futuro brilhante. Será o ano 2500 da era cristã, mas para nós será o ano 1000.

Poderia ser bem antes disso, mas penso que não queremos.

A nossa educação é lastimável, mas depois de tanta discussão para mudar o "currículo" escolar até professores fazem movimento contra. Afinal, para que mudar o que está dando errado? Ainda temos mais de 2.000 anos para alcançarmos o nível dos países que admiramos.

Todos os países desenvolvidos têm suas escolas em período integral, mas quando essa ideia é colocada aqui (como foi o caso do Ginásio Luiz Martini), não só alunos, mas pais e até mesmo um padre, manifestaram-se contra. Afinal, as boas ideias não são para ser experimentadas. Vamos matá-las no ninho. É muito melhor para os alunos terem mais tempo para dormir, caçar Pokémon e até mesmo para ficarem ao deus-dará nas ruas do que terem de estudar. Estudar é algo para países do primeiro mundo. Nós do terceiro mundo, em que um analfabeto é eleito presidente e um ministro é indicado para o STF mesmo tendo sido reprovado no exame da OAB, não precisamos estudar. Nossos pais, mães e avós continuarão pagando nossas contas e fazendo tudo por nós.

Para que contrariar Stefan Zweig? O Brasil é o país do futuro. Não é para agora.

Se mudarmos a realidade, vamos contrariar o poeta que escreveu: "A vida é combate, que os fracos abate, os fortes os bravos, só pode exaltar". Para que exaltar? Isso é coisa para daqui a 484 anos. Vamos continuar destruindo as boas ideias, pois o que queremos é o país do futuro, lá no futuro, não hoje. Quem viver verá.

Talvez um resquício de nosso DNA chegue lá para viver o país dos nossos sonhos.

Somos jovens e acreditamos que podemos continuar gastando o que não temos ou produzimos. Essa história de PEC 241 é uma grande bobagem. Vamos gastar. Alguém pagará nossa conta no futuro e, desde que não sejamos nós a pagar a conta, tudo bem.

Vamos também sepultar a reforma da previdência. Somos o país do futuro e quem sabe daqui a 484 anos tudo estará resolvido. Por que vamos nos preocupar com isso agora?

O sonho de sermos um Japão, uma Finlândia, uma Suíça e mesmo uma Itália, uma França, uma Alemanha pode esperar. Afinal temos 484 anos ainda para amadurecer.

Somos um país de recursos ilimitados e podemos gastar o que quisermos. Damo-nos ao luxo de ter 35 partidos políticos. Uma lição para os EUA e para a Inglaterra que praticamente têm só 2 partidos. Por que teríamos só 4 ou 5 ou mesmo 10 partidos? Com 35 partidos podemos ter verbas e benefícios distribuídos a rodo para que seja possível governar, com nomeação de assessores, com regalias especiais e tudo o mais. Por que economizar?

Falam que Charles de Goulle disse que o Brasil não é um país sério. Para que sermos? Somos jovens e temos ainda 484 anos para chegar à maturidade. O futuro nos esperará.

Redução da maioridade penal para 16 anos

A redução da maioridade penal para 16 anos tem sido discutida e defendida por muitos ultimamente, sem que seja analisada com a devida profundidade. Geralmente volta à tona quando um crime cruel é cometido por um menor, muitas vezes reincidente no crime.

É utilizado como argumento o fato de que com 16 anos o cidadão pode votar e, se pode votar, pode ser preso também. Esquecem-se de que o poder de votar é facultativo. É compreensível que algum familiar, vítima de um ato bárbaro com um de seus entes queridos, assim se manifeste. Mas os cidadãos responsáveis pela elaboração das leis e de sua aplicação devem atentar para uma amplitude maior da questão, ao invés de deixar que a sede de vingança fale mais alto.

Uma pessoa com 16 anos de idade não está com seu corpo totalmente formado, seja em relação à formação de seus órgãos, seja em relação ao seu desenvolvimento cerebral, o que ocorre tão somente aos 18 anos, razão precípua para que a maioridade penal aconteça com essa idade.

É preciso salientar que nosso sistema prisional não comporta receber nem os maiores de 18 anos já condenados. As prisões são geralmente depósitos de pessoas, sem a mínima estrutura para recuperar um cidadão para a sociedade. Por que então aumentar a quantidade de condenados a esse sistema?

Não bastassem essas razões, é também por todos sabido que as prisões ao invés de recuperarem uma pessoa para a sociedade, tornam-se escolas de formação para o crime, ou seja, um menor de 16 anos de idade, iniciante no crime, vai sair da prisão graduado, especializado, treinado para crimes que jamais pensou em praticar, até porque será uma presa fácil dos marginais já escolarizados na criminalidade.

Pesquisas realizadas nessa área mostram que os índices de recuperação dos atendidos pelas unidades que tratam de menores são muito superiores aos índices de recuperação dos que vão para as prisões.

O que é necessário não é reduzirmos a idade da maioridade penal. O que é preciso é a possibilidade do menor entre 12 e 14 anos trabalhar como aprendiz e do maior de 16 anos trabalhar em serviços adequados à sua idade, preservando-se sempre a obrigação de estudar. Entendo que o Estatuto da Criança e do Adolescente errou ao disciplinar a idade de proibição para o trabalho, uma vez que nosso país não está preparado para atender todos os adolescentes em escolas de período integral, com utilização do tempo contrário ao das aulas para a prática de esportes, para o lazer, para a cultura sob suas várias formas. Nem bibliotecas adequadas nossas escolas têm.

Aliás, todos deveriam ser obrigados a estudar não apenas até a conclusão do ensino fundamental, mas no mínimo até o final do ensino médio ou técnico. Até os 12 anos de idade, todos deveriam estudar em período integral. Creio que falta vontade política para que isso aconteça e, enquanto isso, vamos convivendo com a criminalidade, com as drogas, com a prostituição infantil e com pessoas despreparadas para enfrentar a vida, pois, com pais trabalhando e filhos estudando em apenas um período, sobra-lhes a opção de ficar nas ruas. E as ruas são o pior lugar para a formação de um jovem.

Ao reduzir a maioridade penal, estaremos atacando os efeitos e não a causa dos problemas. As causas maiores são: o abandono, a miséria, a violência e a falta de educação. Talvez um dia cheguemos lá, se não for muito tarde, pois as autoridades ainda estão em um sono letárgico.

✤

Reflexões sobre o Sistema Penal brasileiro[3]

O sistema penal brasileiro precisa ser repensado como um todo. Quando remendado, em decorrência de algum acontecimento que provoca revolta da população, tal remendo gera uma distorção no equilíbrio entre as penas prescritas para um crime, em correlação com outros crimes tipificados pelo ordenamento jurídico-penal.

Temos visto, recentemente, em virtude de crimes que abalam a sociedade, alterações que estabelecem ser este ou aquele crime inafiançável ou hediondo, fazendo com que o desequilíbrio se instale na correlação e na proporcionalidade entre as penas fixadas para um crime e outro, em face de suas gravidades.

Por isso afirmo que é preciso repensar o sistema penal como um todo e, de modo especial, fora dos momentos de exacerbação da opinião pública, para que as penas tenham proporcionalidade e correlação com os crimes praticados. O momento da emoção nem sempre é o melhor momento para decisões equilibradas e principalmente justas.

Tornam-se necessárias uma revisão e uma atualização profundas do Código Penal e, após isso, uma revisão e atualização do Código de Processo Penal, bem como da Lei de Execução Penal.

Não é aceitável convivermos com a quantidade de recursos possíveis, existentes na atual legislação penal, que permitem a impunidade de um criminoso, quando ele pode contar com advogados experientes, quase sempre famosos e pagos a peso de ouro que, por sua competência e por aquilo que a legislação permite, fazem com que os criminosos, seus clientes, não recebam a pena que lhes é atribuída, especialmente por prescrição de prazos, proporcionada por esses mesmos recursos. O tema prescrição de prazos merece ser revisto para não permitir facilmente que isso aconteça.

---

3. Artigo escrito bem antes das rebeliões que resultaram em muitas mortes (anunciadas).

Outra coisa com a qual a sociedade não pode compactuar é com o sistema previsto na Lei de Execução Penal que permite ao réu após cumprir, na maioria das vezes, 1/6 da pena receber o benefício da liberdade condicional. Aos olhos da população, a execução penal se parece com uma brincadeira de faz de conta. Um réu é condenado a 30 anos de prisão e faz de conta que os cumpre, mas após cinco anos é solto, com liberdade condicional, que de "condicional" pouco tem, porque a vigilância do Estado sobre o cidadão, neste caso, é quase inexistente.

A própria Lei Penal já estabelece as situações agravantes e atenuantes de uma pena. O juiz deve considerar todas essas condições para definir o "quantum" da pena a ser aplicada. Ora, uma vez definida a pena, dentro destes critérios, justo é que o sentenciado cumpra a pena fixada. É claro que a Lei pode definir alguns benefícios, tais como redução da pena por dias de serviço prestado, por bom comportamento, mas jamais ser possível que alguém seja libertado após cumprir apenas 1/6 da pena. A própria Lei poderia estabelecer um mínimo de tempo de cumprimento da pena para a concessão da liberdade, mas esse tempo jamais poderia ser inferior a 2/3 do tempo definido como "quantum", sob pena de estarmos burlando o pressuposto de punição pela infração cometida.

O sistema vigente incentiva o crime, pois alguém pode considerar que vale a pena matar um desafeto ou outra pessoa, mesmo por motivo torpe, para cumprir tão somente 1/6 da pena prevista para tal crime. Um criminoso, condenado a 30 anos de prisão, por certo o foi por ter cometido um crime gravíssimo e, neste caso, deveria cumprir pelo menos 2/3 do tempo de condenação, para então passar a usufruir dos benefícios de regimes semiaberto e aberto.

A tudo isso deve se somar uma estruturação adequada para os presídios. A prisão deve ter como pressupostos não só a punição pelo ato cometido, como uma oportunidade para a recuperação daquele que o praticou. Nossas prisões, ao invés de atingirem tais objetivos, prestam-se mais a serem escolas do crime, pois, além de não propiciarem nenhuma educação (formação) dos criminosos, reúnem em um mesmo espaço grandes delinquentes e pequenos infratores, velhos criminosos com jovens mal iniciados no crime.

É preciso repensar a punição para pequenos delinquentes que enchem as prisões, pois eles não são recuperados e se tornam mais escolados no crime. Além disso, as prisões são mais depósitos de pessoas, quase sempre em péssimas condições de habitabilidade, sem que os presos tenham o que fazer, exceto pelo banho de sol ou algum jogo entre detentos. Não existem bibliotecas, não existe local para a prática religiosa e a conversão, inexiste praticamente um trabalho psicológico para eles e, especialmente, não existe trabalho. E já diz o ditado que "cabeça vazia é oficina do diabo".

Sou favorável a que todos os presos trabalhem e, em sendo produtivos, possam tanto ajudar no sustento de si mesmos como aprenderem algum ofício que lhes permita o sustento após o cumprimento da pena. Sou favorável a colônias penais agrícolas para criminosos mais perigosos, distantes dos centros urbanos, onde os prisioneiros possam produzir os alimentos que consomem. O direito constitucional à convivência familiar deve ser respeitado, mas em condições diferentes, devido à gravidade do ato cometido.

Ou fazemos uma profunda mudança em todo o sistema, desde a Lei Penal, Código de Processo Penal, Lei de Execução Penal, chegando finalmente à reformulação dos presídios, ou a sociedade vai continuar tendo a sensação de impunidade. Vamos conviver com a reincidência na criminalidade, pagando um preço muito alto e deixando de atingir aquilo que a pena tem como finalidades, tais sejam: o caráter próprio de expiação do ato cometido e o retorno à sociedade em condições de convivência humana como cidadão. O sistema penal hoje está falido e não cumpre nenhum de seus objetivos, precisando ser urgentemente repensado.

Dependência química: a doença atual

1. Preâmbulo

Há quase 20 anos eu e minha esposa participamos do Amor--Exigente, movimento que conta com centenas de grupos de auto e mútua ajuda, tanto no Brasil como em outros países, auxiliando no tratamento de dependência química e alcoolismo e ajudando famílias que enfrentam problemas graves de comportamento de um ente querido, para que saibam agir e viver melhor apesar das dificuldades.

É uma proposta educacional destinada a pais, educadores e pessoas interessadas em prevenir e solucionar problemas com alunos, filhos ou familiares que estejam fazendo uso abusivo de álcool ou utilizando outras drogas.

Em nossas salas de reuniões, nesse período, pudemos sentir a grande dor que atinge as famílias, bem como as dificuldades que enfrentam para propiciarem um tratamento adequado a seus entes queridos, pois praticamente não existem comunidades terapêuticas adequadas que prestem tratamento gratuito. O que é possível encontrar, com muita dificuldade, são clínicas psiquiátricas que misturam adictos com outros doentes mentais no mesmo ambiente e, por vezes, tratam a estes últimos somente com remédios, o que é quase sempre um desperdício, pois a adicção é uma doença biopsicossocial e espiritual, que exige uma atenção muito mais complexa para a recuperação de alguém acometido desse mal, do que simplesmente tomar um remédio.

Muitas famílias não dispõem de recursos financeiros quando seus filhos pedem ajuda, pois às vezes o tratamento implica em internação por tempo mínimo de 6 meses, ou por até 1 ano, e os valores cobrados pelas comunidades estão entre 1 e 4 salários mínimos mensais. Há comunidades terapêuticas cobrando muito mais do que isso; são as chamadas Hotéis 5 estrelas, onde o interno tem TV a cabo, frigobar, acesso ao telefone, ou seja, um SPA, enquanto a família descansa e tira umas férias dos problemas.

Comunidade terapêutica deve estar alicerçada em alguns pontos essenciais: disciplina, trabalho, espiritualidade, autoconhecimento, pessoal competente para auxílio ao adicto e um programa, geralmente os 12 passos do A.A.

Infelizmente o assunto tem sido tratado sem a profundidade necessária e muito desperdício tem havido com remédios, tempo de profissionais, sem o devido resultado.

Há pessoas que pensam que apenas a prática esportiva em escolas resolverá os problemas da adicção, sendo suficiente para levá-los a uma vida em sobriedade. Os esportes são úteis sim, mas são muito pouco frente à complexidade do problema e suas peculiaridades.

Em 2012 o senhor governador do Estado estabeleceu um auxílio às famílias, de aproximadamente R$ 1.300,00 (Mil e trezentos reais) mensais, por 6 meses, para tratamento de dependentes de *crack*, para um total de 3 mil usuários. Isso é alguma coisa, mas quase nada diante do universo que temos a enfrentar. Ao estabelecer que o auxílio é para dependentes de *crack*, o senhor governador ou está mal assessorado, ou desconhece que a dependência química tem como uma de suas características a progressividade, ou seja, que o usuário usa sua droga de preferência enquanto ela o satisfaz e que muda para maior quantidade ou para uma droga mais forte quando a que usa já não o satisfaz. O *crack*, por ser a droga mais barata do mercado, a que mais dá prazer e a que age mais rápido no sistema nervoso central, é o grande problema do momento, mas aqueles que estão hoje no uso de outras drogas são potenciais usuários de *crack* do amanhã. Devemos disponibilizar recursos para pessoas carentes, dependentes de qualquer droga, quando esse usuário aceitar tratamento e não esperar que chegue ao *crack*. Esperar chegar ao *crack* para depois tratar é o mesmo que esperar o doente ir para a UTI para depois cuidar dele.

2. Analisando o que tem sido discutido nas mídias

Muitas pessoas têm falado em buscar uma saída para o problema da dependência química, quase sempre focando como um problema social, um problema de saúde pública ou um problema jurídico-criminal.

Também a preocupação restringe-se ao *crack*, esquecendo-se do alcoolismo, da maconha, do LSD e outras. Na revista *Veja* (31/10/12), o Dr. Valentim Gentil, doutorado em psicofarmacologia, afirma: "Se fosse para escolher uma única droga a ser banida, seria a maconha. É a única droga a interferir nas funções cerebrais de forma a causar psicose definitiva", mas as famílias não se preocupam muito com a maconha e o álcool. Há até um Ministro do STF que propõe a liberalização da maconha. Não deve ter conhecimento que no primeiro Estado Americano onde esta droga foi liberada, os crimes aumentaram muito, os gastos com saúde explodiram, o tráfico não acabou e a arrecadação que o Governo pensava obter foi extremamente irrisória.

Quanto aos malefícios do álcool, todos por certo sabemos. Ele é a pior das drogas, por afetar todos os órgãos do corpo. Nós sabemos quantos acidentes, desuniões de famílias, mortes, etc. são causadas pelo efeito do álcool. Esquecemos que, por ser lícito, o álcool é consumido livremente, até por menores, mesmo em família, sem que nos preocupemos. Esquecemos também que esta bebida é quase sempre a porta de entrada para outras drogas. Os efeitos danoso causados na formação cerebral pelo álcool são conhecidos pelos especialistas, daí a necessidade de cuidarmos para que o jovem não faça uso habitual do álcool antes dos 18 anos. Sabemos também que o álcool tem por característica bloquear nossa capacidade de censura e que sob o seu efeito fazemos coisas impensáveis.

Não vemos uma preocupação dos governantes para uma política que proíba a propaganda de bebidas alcoólicas nas mensagens televisivas, pois representam uma grande fonte de recursos financeiros. Esquecem-se os governantes dos custos para a rede pública de saúde, advindos dos problemas causados pelo alcoolismo: acidentes, mortes, perdas de dias de trabalho, internações, conflitos familiares e tantas coisas mais.

Não temos visto abordagens enfocando este tema da drogadição sob os prismas da espiritualidade, da ocupação laboral dos envolvidos, bem como sobre o envolvimento das famílias na recuperação e muito menos qualquer trabalho de prevenção para as famílias.

3. Sobre as famílias

O trabalho com as famílias para mudança de seus comportamentos é fundamental. Se os comportamentos familiares permanecerem os mesmos, como poderemos chegar a outros resultados na educação dos nossos filhos? Padre Haroldo Hamm, fundador do Amor-Exigente, afirma que recuperar um jovem não é tão difícil, mas recuperar, mudar os hábitos das famílias é extremamente difícil. Sabemos de casos de jovens que ao final de seu tratamento em uma comunidade terapêutica foram recebidos de volta em suas casas com churrascada e muita cerveja. As famílias não se prepararam para recebê-lo, não sabem que um adicto é incapaz de conviver com o álcool.

John Poweell, escritor americano, afirma: "Nossos filhos aprendem a apreciar a vida e descobrem que o mundo é caloroso e belo e o enfrentam; mas andam cabisbaixos e se entregam quando sentem o mundo frio, tenebroso, escuro", tese muito bem desenvolvida por Tania Zagury, escritora brasileira, como também pelas escritoras Americanas Doroty L. Nolte e Rachel Harris, no livro *As crianças aprendem o que vivenciam*.

O Papa João Paulo II, no seu encontro com as famílias no ano 2000, foi enfático ao dizer: "Tão grave quanto as drogas é a desesperança que os pais estão trazendo para a vida de seus filhos".

Constatamos isso facilmente: nos barzinhos, nas discotecas, nos clubes, onde não encontramos jovens tristes, cabisbaixos; ao contrário, estão muito alegres e felizes, mas quando retornam para suas casas, o que encontram? Encontram lamentos, discussões, desentendimentos, reclamações sobre as contas a pagar, sobre a corrupção, enfim, desesperança.

Buscar viver em família valores espirituais é essencial para trabalharmos desde cedo a prevenção aos males da vida. O amor, a alegria, o respeito, a fraternidade, o perdão, a concórdia, a fé, a esperança, o diálogo, o encorajamento, o valor do trabalho e a busca da verdade são pontos de apoio e sustentação para a formação de nossos filhos.

Um grave problema é que terceirizamos a educação de nossos filhos, seja para a creche, para a escola, para a igreja e até para as babás, esquecendo que educação é responsabilidade dos pais.

4. Sobre espiritualidade

Padre Haroldo diz que durante muitos anos de experiência com dependentes químicos e alcoólatras não se lembra de algum homem ou mulher recuperados que não tenham encontrado sua espiritualidade. Não é o único aspecto do tratamento para recuperação, mas é o mais importante, diz ele, do alto de sua experiência.

Frei Hans Stapel, fundador da Fazenda Esperança, talvez a maior comunidade do mundo, afirma: "Nas Fazendas da Esperança buscamos levar os recuperandos à conversão e isto só acontece quando eles encontram um sentido para suas vidas e que só o encontram em valores espirituais e especialmente na palavra de Deus".

O programa dos Alcoólicos Anônimos (A.A.), famoso em todo o mundo, é pautado pela vivência dos 12 passos e, em não menos do que em 7 passos, vamos encontrar a busca de um SER SUPERIOR. Encontrar o Ser Superior, entregar-se nas mãos de Deus, deixar que Deus remova nossos defeitos, procurar pela prece e meditação melhorar nosso contato com Deus, buscar um despertar espiritual que nos leve a passar a mensagem a outros que dela necessitam.

Sem um trabalho de busca espiritual e encontro com o Ser Superior – não estamos falando de religião, mas do encontro com o seu Deus – é quase impossível vencer a dependência, nos ensinam os 12 passos.

5. Sobre o trabalho

Já o ditado popular nos afirma que cabeça vazia é oficina do diabo.

Com a proibição do trabalho dos menores de 16 anos, sem escolas em tempo integral e com os pais necessitando trabalhar fora para o sustento do lar, nossos jovens foram entregues às ruas. E a rua é o pior lugar para a formação de um jovem, de modo a se tornar um cidadão. Na rua a convivência com as drogas, com o crime, com a prostituição é constante.

Se o jovem não pode trabalhar, pode, no entanto, ter seu tempo ocupado. Ao invés de cadeias, podemos construir escolas, com estruturas adequadas para funcionar em período integral, com quadras de esportes, bibliotecas, salas para teatro, música, informática, espaços para desenvolvimento artístico, canto coral, orquestra, etc.

Quantas cidades deste Brasil poderiam desenvolver nas escolas programas de qualidade de vida, incentivando o jovem a enfrentar desafios e encontrar seu rumo. Mas é preciso vontade política e isso é coisa rara. Talvez isso venha a acontecer quando tivermos uma geração inteira comprometida. É preciso ocupar o corpo e a mente dos jovens com práticas sadias para que não haja lugar para as drogas.

6. Para concluir

É necessário entendermos que o trabalho para RECUPERAÇÃO é diferente do trabalho de PREVENÇÃO. Recuperação de quem já é dependente necessita contar com especialistas, com comunidades terapêuticas sérias, com organizações especializadas, como o Alcoólicos Anônimos (AA), Narcóticos Anônimos (NA), o Amor-Exigente, a Pastoral da Sobriedade, o Grupo Esperança Viva (GEV) e fundamentalmente com a participação das famílias. Faz-se necessário o auxílio das estruturas governamentais, tanto do Executivo, com auxílio financeiro para as internações, como com o CAPS, para os que não necessitam de internação, bem como do Legislativo, Judiciário, OAB, no auxílio aos carentes e até mesmo com a compreensão das igrejas sobre o que é dependência para que passem a se preocupar mais com festas regadas a álcool, que tanta destruição traz para as famílias.

Estamos lidando com a doença do século, com o segundo maior mercado movimentador de recursos financeiros no mundo, que tem uma rede de distribuição como nenhum outro produto. Se ficarmos imaginando que pouco esforço basta, corremos o risco de sermos engolidos por esse *tsunami* e termos uma geração toda nos sendo roubada: a de nossos filhos e nossos netos. Não dá para você ficar de fora e pensar que nada vai acontecer com você.

O Amor-Exigente coloca suas salas de reuniões à sua disposição, que está preocupado com o comportamento de seu ente querido. Procure-o enquanto é tempo.

Se você está preocupado porque os outros vão ficar sabendo do seu problema, saiba que todos já sabem, a família é sempre a última a saber, e também não há razões para ter vergonha, pois no caso estamos falando de um doente que precisa de ajuda.

Sem que a família assuma de volta a responsabilidade pela educação de seus filhos, a situação se tornará cada vez mais complicada. E quando falamos em educação, incluímos a educação ética, social, espiritual e humana, não apenas a educação escolar.

Nós pais criamos nossos filhos tendo de tudo, não quisemos que sofressem como nós. Eles não receberam nossos nãos quando necessário e assim o que sabem é decidirem pelo prazer, pelo aqui e agora, sem esperar, sem sofrer, sem assumirem responsabilidades. Nossos filhos, gerações X, Y, nascidos de pais da geração *Baby Boomer*, são filhos despreparados para a vida, pois nós fizemos para eles o que eles deveriam fazer e o crescimento pessoal se dá pelo enfrentamento das dificuldades da vida. Nossos netos, geração Z, são os nascidos digitais, para os quais os botões e as telas parecem ser as coisas mais importantes do mundo. O mundo deles é um desconhecido para nós. Precisamos correr para ajudá-los.

Já o trabalho de PREVENÇAO pode ser realizado a partir dos 4 anos e em todas as séries de ensino fundamental. Não se trata apenas de ocupar o tempo da criança ou do jovem, mas despertá-lo para uma vida sadia e de qualidade, envolvendo a família neste trabalho.

O Amor-Exigente tem um programa já funcionando em vários municípios brasileiros, voltado para a prevenção. É abrangente e implica treinamento de professores, orientadores, supervisores e diretores, ou seja, de toda a estrutura escolar para ser implantado. É gratuito e dá certo, conforme os relatos obtidos. Você poderá obter informações pelo *e-mail* info@amorexigente.org.br ou pelo *site* www.amorexigente.org.br.

Em 2003, em seu livro *Amor líquido*, o autor Zygmunt Bauman nos mostrava a fragilidade dos laços humanos, bem como as dificuldades da educação nos dias de hoje.

Ou assumimos o nosso papel de pais, educadores, pastores, dirigentes, executivos públicos, ou estaremos condenando uma geração toda a viver uma situação de caos que a droga tem trazido para muitas famílias, senão quase todas, pois só falamos de álcool e drogas ilícitas e não falamos de compulsão por jogos, comida, sexo, internet, remédios, entre outros, que também tantas vítimas causam, com consequências muito graves.

Cada um é chamado a dar sua contribuição. Só assim poderemos criar laços fortes, capazes de enfrentar esta batalha, estaremos exercendo nosso papel de pais e contribuindo para termos um mundo melhor para vivermos.

Como coordenador de grupo do Amor-Exigente, também coloco-me à disposição dos familiares que precisarem de ajuda. *E-mail* para contato: joseadauir@yahoo.com.br.

Uma certeza: a morte

Desde o dia em que nascemos, nós iniciamos uma caminhada que nos levará com certeza para a morte. Só nos damos conta disso quando nos sentimos perto desse momento, já em idade mais avançada, quando nossos recursos físicos vão dando sinais de esgotamento.

Com meus 70 anos vividos, penso que já vivi mais que três quartos dela e a cada dia que passa a certeza da morte torna-se mais concreta, apesar de pensarmos que ainda viveremos muito.

É nesse momento que passamos a pensar mais seriamente em coisas para as quais não demos importância em nossa caminhada, talvez porque não fosse tempo ou talvez porque quiséssemos fugir destes assuntos considerados desagradáveis.

O que quero fazer de agora em diante? O que de fato é importante para mim? O que ainda não fiz e que gostaria de fazer? Estou preparado para chegar diante de Deus, à eternidade? Sou um homem de fé e que acredita na vida eterna?

Onde gostaria de ser enterrado? Junto com minha esposa ou junto com meus pais? Aqui em Mogi Guaçu ou na minha querida Congonhal?

Pensei em ser enterrado no Cemitério Colina Verde, na divisa entre Mogi Guaçu e Mogi Mirim, mas apesar de achar o lugar bonito, não tenho afeto por ele, a não ser pelo fato de ter meu irmão Simão enterrado lá. Congonhal agrada-me mais, por ser onde estão meus pais, padrinhos, avós e outros familiares, mas nada tem a ver com minha esposa. Ficará para os meus filhos resolverem isso.

O que fazer para não causar desavenças na repartição da herança? Mesmo sendo muito poucos os bens que temos para a partilha, isso é sempre causa de desentendimentos familiares, o que certamente não é um desejo dos pais.

O que ainda posso fazer por meus filhos? Será que eles ainda precisam de mim ou já sou cada vez menos suportável, porque a intolerância aumenta com a idade e nos tornamos um peso cada vez maior?

O que fazer para que minha companheira possa ter uma vida tranquila, pelo menos economicamente, e também tenha segurança na vida a sós, sem minha companhia?

São muitas as indagações que passam por minha cabeça ao enfrentar esta realidade. Tenho conversado sobre isso com minha esposa, que não gosta muito de tocar neste assunto, mas que julgo indispensável de ser tratado.

Algumas coisas são mais fáceis de resolver, especialmente as coisas materiais. O que temos discutido neste momento é da doação de um apartamento ou casa para minhas filhas mais velhas, já que um apartamento está no nome dos três filhos mais novos; a venda do imóvel que restar para uso em nossas necessidades e a permanência da casa em que moramos no nosso nome até que um dia já não mais estejamos aqui e nossos filhos façam sua venda e repartam o seu resultado de forma igual.

Quero publicar meu livro, comemorando meus 70 anos, e curtir mais a vida com minha esposa, especialmente podendo passear mais, o que gostamos muito e pretendemos fazer. Talvez uma viagem à Terra

Santa, uma ida a Paris, um retorno a Veneza, Roma, Barcelona e agora, de modo especial, visitar minha filha, netos e genro nos Estados Unidos da América, um país que nunca me encantou, mas que passou a fazer parte da minha vida.

Acredito na vida eterna, sei que o homem tem a semente da eternidade. Creio, como católico, que nossa vida não acaba, mas muda de dimensão, da dimensão física para a dimensão espiritual, mas me julgo muito pecador e espero ter mais tempo de vida para converter meu coração para as coisas de Deus. Se não tiver tanto tempo como espero, peço que Deus seja infinitamente misericordioso comigo e que perdoe os meus pecados. Todos os dias peço conversão ao meu Senhor.

Penso que pouco posso fazer ainda por meus filhos, além de rezar por eles e pedir a Deus que os faça felizes e realizados, que eles possam ser agentes da transformação deste mundo para um mundo melhor, que possam educar bem seus filhos (meus netos), que o Espírito Santo de Deus por vontade do Pai traga seus dons de sabedoria, entendimento, fortaleza, ciência, conselho, piedade e temor de Deus para a vida de todos eles, para que possam ser pessoas do bem, de amor ao próximo, de amor por si mesmos, por seus companheiros, por seus irmãos e por seus familiares e que vivam em paz.

Ao final espero ter sido um instrumento de Deus para a melhoria deste mundo, um semeador de boas sementes e que as sementes que semeei tenham terra boa para frutificar. Espero não deixar mágoa entre aqueles que amo e amei e também entre aqueles que não amei tanto como deveria.

Peço perdão aos que magoei, ofendi e não tratei com amor. Peço perdão mais uma vez aos meus filhos e à minha esposa por não ter sido tão bom pai ou esposo como deveria ser, mas, como está na Bíblia, sou feliz, pois vi os filhos de meus filhos. E como eles são bonitos, inteligentes, abençoados e iluminados por Deus, isso me faz feliz e que seja sempre assim.

Não tenho mais medo de morrer. Como São Paulo, posso dizer que combati (procurei combater) o bom combate e guardei a fé. Não posso dizer, como ele, que espero a coroa da justiça, porque sou um pobre pecador. Espero que Deus seja misericordioso comigo, me dê oportunidade para morrer em paz e que aqueles que me amam rezem por minha alma. Não penso na morte como um fim, mas como o início de uma vida nova, na paz de Deus.

Guardo em meu coração a certeza de ter contribuído para a construção de um mundo melhor e que meus filhos, netos, bisnetos, irmãos, sobrinhos e familiares tenham esse propósito de serem continuadores da obra da criação. Deus quer que façamos a nossa parte.

Ainda quero viver muito e ser feliz junto aos que amo.

✤

EPÍLOGO

"Pra não dizer que não falei de flores", digo que gosto muito de azaleias, rosas, margaridas, cravos, copos-de-leite, orquídeas e das pereiras, paineiras, quaresmeiras, ipês e primaveras floridos. Gosto das flores de cores azuis, violetas, rosas, amarelas e vermelhas. De todas as flores, a azaleia é minha preferida. Sempre compro alguma e me presenteio. Gosto de vê-la toda florida.

Gosto do cheiro das árvores ainda em flor, antes dos frutos, de modo especial o cheiro dos laranjais, o cheiro da dama-da-noite e outros tantos, mas gosto também de apreciar os frutos maduros, mais ainda quando não foram colhidos. Apanhá-los e saboreá-los é demais.

Gosto de olhar as estrelas, em especial em noites de céu limpo no mês de julho, sem lua, só estrelas.

Gosto de ver bando de pássaros voando livremente.

Gosto de ver a água dos riachos e das cachoeiras, de ver as paisagens, dos vales e montanhas e da neve nos cumes dos montes.

Gosto de ver a relva verde, as vezes molhada, com bois pastando.

Gosto da vida. De crianças sorrindo, brincando, felizes.

Gosto de sorriso no rosto das pessoas, de ver a alegria compartilhada.

Gosto de sentir a fé, o amor, a alegria e a esperança no coração de todos os seres humanos.

Gosto do amor, gosto de amar, gosto de beijos, de abraços bem apertados, de carinho (de dar e receber), de afagos.

E, por último, sinto-me feliz por ter escrito este livro, deixando minhas memórias para meus familiares e amigos. Penso que realizei um sonho. Outros sonhos estão presentes em mim, especialmente de uma convivência mais próxima de meus filhos e netos e também dos amigos, irmãos, sobrinhos e sobrinhos-netos, contando sempre com a presença indispensável de minha companheira. Sem ela o mundo fica menos colorido, menos vibrante. Com ela tenho paz, amor, paixão. Sem ela sinto-me só e sem rumo. Com ela sinto-me seguro e feliz. Sou apaixonado por ela. Por ela sinto-me encantado, como encantado sou pela vida.

Que Deus nos conserve e nos dê sua paz. Que Deus nos proteja e ilumine os nossos caminhos. Que possamos ser sal e luz na vida dos que convivem conosco e dos que precisarem de nós. E que sejamos instrumentos de Deus na sua obra, para que o universo lhe seja um eterno louvor.

Avós maternos e família

Vovó Ana (Sinhaninha) e vovô José Emboava

Vovô José Emboava, vovó Ana (Sinhaninha), filhos, genros e netos (meu pai comigo no colo, minha mãe com Simão; e Abigail, em pé, à minha esquerda)

Avós paternos e família

Vovô Leandro, vovó Emiliana, tio Benedito e tia Benedita

Tia Rosa e tia Benedita

Família Leandro: tio Vicente, tia Rosa, padrinho Messias, tio João e tio Joaquim

Familiares maternos e paternos

Minha mãe Ana,
tia Benedita e tia Suzana

Primos, irmãos de meu avô Paterno,
amigo José Silveira e outros

Tio José Marcos, tia Ana e meus primos do Paraná

Familiares maternos e paternos

Tio Joaquim e vovô Leandro

Madrinha Maria e padrinho Messias em Aparecida-SP

Meus pais: Ana Custódia e José Geraldo

Seminário Menor Nossa Senhora Auxiliadora
Pouso Alegre – MG

Eu recebendo a batina das mãos de D. José D'Ângelo na Catedral de Pouso Alegre-MG

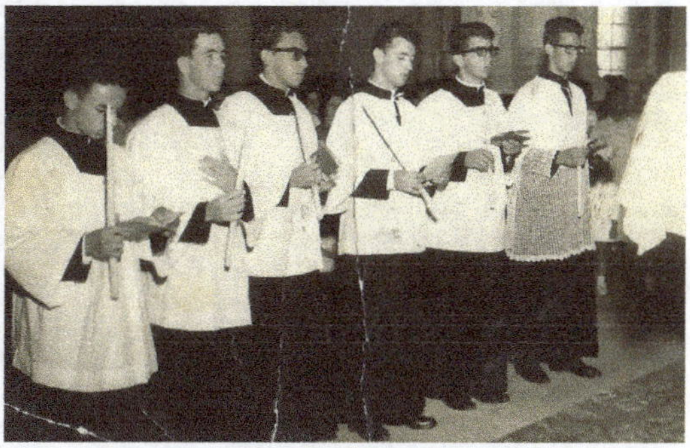

Recepção de batina da minha turma – Coutinho, eu, José Magali, Arquimedes, Donati e Avenaldo, na Catedral de Pouso Alegre-MG

Minha turma do último ano do Seminário Menor, em Pouso Alegre-MG

Seminário Maior – São José – Mariana – MG

Minha turma do 2º ano de Filosofia em Mariana

Time de futebol da turma de Filosofia de Mariana

Orquestra e Coral – Seminário Maior em Mariana

Eu, Carlos Lima e João Vianney

Familiares e amigos

Eu à frente com o amigo Xavier (Bié), Padre João Vianney e família

Simão, Jairo, eu e minha irmã Abigail (Irmã Rute)

Meus colegas

Colegas congonhalenses. Ao fundo, Grupo Escolar Mendes de Oliveira

Grupo de peregrinos – Congonhal a Aparecida – a pé em 3 dias, 1964 (sou o segundo do grupo)

Meu Casamento

Meu casamento – 1974. O primeiro da Igreja de Santo Antônio – Vila Paraíso – com Pe. Henrique Knopert

Meus familiares

No dia de meu casamento com meus pais, minha noiva e meus sogros em frente à casa dos meus pais

Minha família por ordem de idade, da direita para a esquerda. Em pé: papai, mamãe, Abigail, eu, Simão, Jairo e agachados: Carlos, Raquel, Marcius, Celma, Dauro, Elvécio e Sérgio

Na casa de padrinho Messias e madrinha Maria com minhas filhas: Thais, Érika e Mayra

Meus pais, minha sogra, esposa e filhas

Ano Novo com meus filhos

Meus filhos apanhando grama para o coelhinho da Páscoa

Em família: esposa, sogra, filhos, sobrinhos e cunhados

Meus filhos e eu

Com esposa e filhos em Gramado-RS

Com esposa e filhos nas Bodas de 25 anos

Mayra e Maria Beatriz

Érika, Lucca, Pedro, Gabriel e Marcel

Edevaldo, Valentina e Thais

Maria Beatriz e Valentina

Maria Beatriz

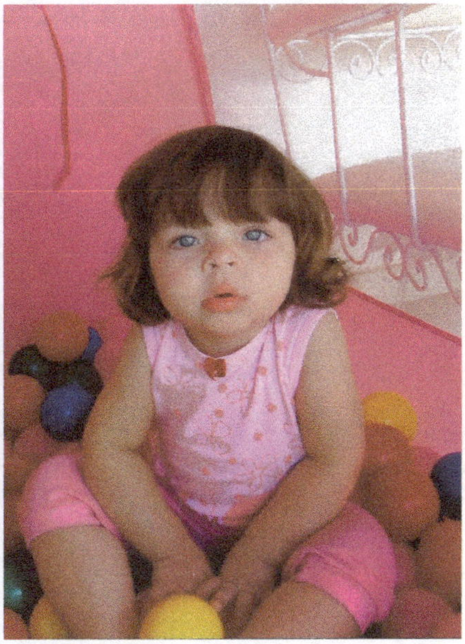

Valentina

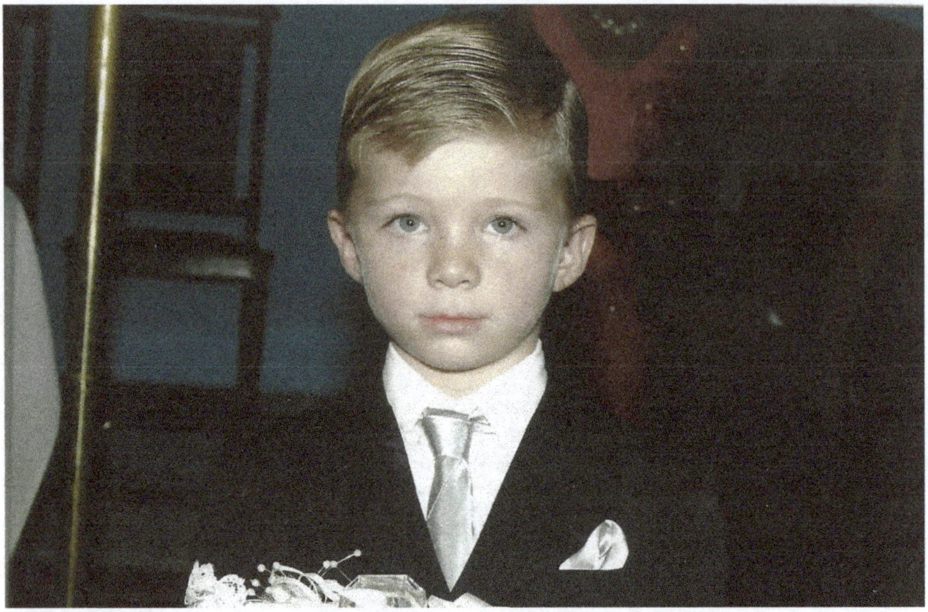

Gabriel

Lucca

Pedro

Com esposa, filhos, netos e genro – almoço em São Paulo

Com esposa e netos em minha casa em Mogi Guaçu

Meus irmãos: Marcius, Simão, Sérgio, Carlos, eu, Dauro, Jairo e Abigail

Carlos, Lúcia, Eliana, Luciane, Lila, Ana, Dirce, Ítalo e Rosa

Com tia Marília, tio Josué, eu, minha esposa e primos

Eu e Josué, ao fundo a antiga Mata da Conceição

Primeira viagem à Europa – 1980

Itália – Milão – Duomo

França – Paris – Palácio de Versailles (Sala dos Espelhos)

Itália – Roma – Igreja de São João de Latrão

França – Paris – Torre Eiffel

Espanha – Barcelona – Praça de Toros

Portugal – Lisboa – Praça Marquês de Pombal

Suíça

Alemanha – Frankfurt

Passeios pelo Brasil

Minas Gerais – Cerro

Minas Gerais – Ipuiúna – Pousada Rural

Caraça – MG

Fazenda da Esperança em Guaratinguetá-SP

Viagem Chile e Argentina – 30 anos de casado

Chile –
Vina del Mar

Chile –
Travessia de
Lagos Andinos

Chile–Argentina –
El Tronador

Peregrinação à Itália – Ano 2000 Jubileu

Vaticano – Praça da Basília de São Pedro

Roma – Fontana di Trevi

Itália – Veneza – Piazza San Marco

Itália – Pisa

Turim – Visita ao Santo Sudário

Rocaporena – Lugar onde nasceu Santa Rita

Pádova – Igreja de Santo Antônio de Pádova

Rocaporena – Casa de Santa Rita

Montecassino – Abadia de São Bento

Assis – São Francisco

Firenze – Duomo – Torre de Giotto

Com Pe. Nelson do RJ, na Igreja do Padre Pio em San Giovani Rotondo

Roma – Coliseu

Meus amigos

Eu, minha esposa, Bernadete e Dalera

Carlos Lima, Janete, Pe. Lauro Palu, minha esposa e eu no Caraça-MG

Na casa de Jesus em Pouso Alegre: Jesus, minha esposa, Nara e eu

Minha esposa, eu e amigos (Ferrer, Carlos Lima, Janete), na casa de Josué e sua família em Belo Horizonte-MG

Esposa do Magali, minha esposa, eu e José Magali em sua casa em Santa Cruz do Rio Pardo-SP

Com Padre Haroldo, do Amor--Exigente, em Campinas

Padre João Viannei Coutinho